MARKETING PESSOAL
DEZ ETAPAS PARA O SUCESSO!

SADY BORDIN

MARKETING PESSOAL
DEZ ETAPAS PARA O SUCESSO!

2ª edição

Rio de Janeiro | 2015

CIP-BRASIL. CATALOGAÇÃO NA FONTE
SINDICATO NACIONAL DOS EDITORES DE LIVROS, RJ

B724m
2ª ed.
Bordin Filho, Sady Maria
   Marketing pessoal / Sady Maria Bordin Filho. – 2. ed. – Rio de Janeiro: BestSeller, 2015.
   il.

   ISBN 978-85-7684-790-8

   1. Marketing pessoal. 2. Relações humanas. 3. Sucesso. I. Título.

13-04309

CDD: 650.1
CDU: 65.011.4

Título
MARKETING PESSOAL
Copyright © 2013 BY Sady Maria Bordin Filho

Capa: Gabinete de Artes

Texto revisado segundo o novo Acordo Ortográfico da Língua Portuguesa.

Todos os direitos reservados. Proibida a reprodução, no todo ou em parte, sem autorização prévia por escrito da editora, sejam quais forem os meios empregados.

Direitos exclusivos de publicação em língua portuguesa para o mundo reservados pela
EDITORA BEST SELLER LTDA.
Rua Argentina, 171, parte, São Cristóvão – Rio de Janeiro, RJ – 20921-380

Impresso no Brasil

ISBN 978-85-7684-790-8

Seja um leitor preferencial Record.
Cadastre-se e receba informações sobre nossos lançamentos e nossas promoções.

Atendimento e venda direta ao leitor
mdireto@record.com.br ou (21) 2585-2002

Sumário

Introdução 7

Primeira etapa   Autoconhecimento 9

Segunda etapa   Planejando o sucesso 19

Terceira etapa   Invista em sua saúde 37

Quarta etapa   Capriche no visual 49

Quinta etapa   Adote uma conduta digna de admiração 63

Sexta etapa   Cuidado com as atitudes "suicidas" 97

Sétima etapa   "Vitamine" seu currículo 113

Oitava etapa   Valorize sua "marca" 131

Nona etapa   Divulgando sua "marca" 175

Décima etapa   Administrando o sucesso 207

Conclusão 223

Introdução

Olá, caro leitor.

Seja muito bem-vindo ao apaixonante mundo do marketing pessoal, um mundo onde os sonhos se tornam realidade e os objetivos são alcançados, um mundo onde as oportunidades se transformam em conquistas e onde o trabalho é fonte de prazer e satisfação.

É um imenso prazer poder compartilhar com você nossa paixão sobre este importante tema, o qual temos pesquisado e estudado desde 1995, quando lançamos nosso primeiro livro sobre o assunto. É por isso que nutrimos uma inabalável crença no poder do marketing pessoal em ajudar pessoas de qualquer idade, sexo, classe social ou nível de escolaridade a transformar seus sonhos em realidade.

Em breve iniciaremos uma deliciosa viagem rumo ao sucesso. Mas, antes, um importante esclarecimento, já que a palavra sucesso é citada várias vezes ao longo do livro: do ponto de vista do marketing pessoal, sucesso não é ter uma casa na praia, um carro importado na garagem, um iate na marina ou um jatinho no hangar. Sucesso nada mais é do que atingir um objetivo, seja ele qual for. Desta forma, passar no vestibular é uma prova de sucesso, assim como conseguir o primeiro emprego, receber uma promoção, concluir uma faculdade.

Este livro é ideal para pessoas que tenham algum objetivo em mente, seja de ordem pessoal ou profissional. Ele é dividido em 10 etapas e 116 dicas, e cada etapa é como o degrau de uma escada. Você até pode ficar tentado a pular um degrau, mas talvez ele faça muita falta quando você chegar ao topo da escada e da sua carreira. As 116 dicas vão orientá-lo sobre o que fazer, como fazer e o que não fazer em cada etapa desta emocionante viagem, buscando sempre a valorização de sua imagem pessoal e profissional e pavimentando, passo a passo, a estrada que o conduzirá — de forma sólida, tranquila e natural — ao sucesso.

Algumas dicas são bastante óbvias. Entretanto, mesmo sendo óbvias, não é incomum nos esquecermos de colocá-las em prática. Não basta ter consciência de que é importante agir de determinada maneira: é preciso, de fato, agir de maneira a passarmos a imagem pretendida, tanto para a sociedade como para o mercado de trabalho. Como lembra a máxima: não basta ser honesto; é preciso parecer honesto.

Boa leitura!

PRIMEIRA ETAPA
Autoconhecimento

Aquele que conhece os outros é sábio. Aquele que conhece a si próprio é iluminado.

Lao-Tzu (século VII a.C.)

Antes de iniciarmos nossa prazerosa e longa jornada rumo à realização de nossos sonhos, é necessário fazer outro tipo de viagem, explorar um universo (para muitos) pouco conhecido: nosso complexo universo interior! Independente da idade ou da fase da vida em que nos encontramos (adolescência, cursando uma faculdade, já formado, procurando um emprego, trabalhando, começando uma carreira ou no topo dela), é de extrema importância fazer uma viagem para desvendar os mistérios de nosso rico e pouco explorado universo interior. Isso é importante para evitar perder anos, talvez décadas, trilhando caminhos que não nos conduzam à realização. O autoconhecimento é um processo de amadurecimento pessoal que nos liberta das amarras da pressão familiar e da tirania da mídia pela busca por resultados materiais e imediatos, deixando-nos livres para escolhermos com serenidade o que queremos para nossa vida.

Muitos passam a vida inteira sem se conhecer completamente e acabam não encontrando realização no que fazem, por mais sucesso que possam vir a ter. Por isso, não faz sentido iniciar uma jornada se não sabemos exatamente aonde queremos chegar. Infelizmente é mais fácil conhecer o mundo exterior do que nosso complexo e inexplorado universo interior. Einstein já observava que "a maioria de nós prefere olhar para fora e não para dentro de si mesmo".

Liberte-se das influências da família, dos amigos e da mídia e busque no seu íntimo a resposta para aquela famosa pergunta: "o que você quer ser quando crescer?" Visualize-se exercendo determinada profissão para tentar saber, ainda que vagamente, se essa profissão realmente o deixaria realizado.

E não pense você, só porque já passou de "certa idade", que não pode construir uma nova carreira a partir do zero. Se você não está feliz com o que está fazendo, seja corajoso e comece uma nova jornada.

Dica 1

Quem sou eu?

Conhece-te a ti mesmo.
Oráculo de Delfos

Explorar nosso complexo universo interior em busca de respostas para questões existenciais não é tarefa fácil. Requer tempo e talvez muitos passem a vida sem se conhecer completamente.

Por exemplo, você conseguiria responder prontamente se é uma pessoa extrovertida ou introvertida, se é metódico ou gosta de improvisar, se é do tipo formal e sério ou informal e descontraído, se é uma pessoa reservada ou aberta, se gosta de trabalhar em equipe ou prefere trabalhar sozinho, se gosta do conforto de uma sala com ar condicionado ou trabalhar ao ar livre? Saberia dizer prontamente se gosta de rotina, com hora para entrar e sair do trabalho, ou de ter um trabalho sem horário definido, se tem mais facilidade para liderar ou ser liderado, se é do tipo que fala muito ou é tímido, se prefere o conforto de um salário fixo no fim de cada mês ou o risco de ganhar mais através de uma renda variável, proporcional aos resultados? Já sabe se gosta mais de ciências humanas (psicologia, administração, sociologia, medicina, direito etc.) ou prefere ciências exatas (matemática, física, química, engenharia etc.)?

Grande parte de sua eventual realização profissional está condicionada a respostas honestas a estes questionamentos. Você até pode ter sucesso na vida, mas será que vai se realizar fazendo o que não gosta? Pense bem para não trilhar um caminho durante décadas e depois descobrir que não era exatamente aquilo que você buscava.

Dica 2

Capitalize seus pontos fortes, atributos e diferenciais

A beleza abre as portas, mas são os atributos que entram.

Frederico Elboni

Em que você se destaca? No que você é bom? Quais são suas vantagens competitivas? Você é estudioso, é um sujeito focado, determinado, é responsável, sabe trabalhar sob pressão, aprende rápido, gosta de acordar cedo, é fluente em algum idioma estrangeiro, é comunicativo, é sociável? A resposta para estas perguntas é fundamental para saber se aquilo que você imagina ser seu sonho está condizente com o seu perfil. Por exemplo: você é craque em matemática mas sonha em ser psicólogo. Desta forma você não está tirando nenhum proveito da vantagem competitiva que possui. Mas se você pensa em ser astrônomo, aí, sim, ser bom em matemática será um ponto forte. Você não gosta de trabalhar com pessoas mas pensa em seguir carreira na área comercial. Agora, se você pensa em ser contador, não haverá problema algum se prefere trabalhar sozinho. Se você é fluente em italiano, procure uma empresa de origem italiana para seguir carreira, onde sua fluência no idioma será muito valorizada, por exemplo.

Para saber exatamente quais são suas qualidades e onde serão valorizadas, elabore uma lista com todos os seus pontos fortes, atributos e diferenciais. Numa coluna ao lado, escreva quais profissões ou atividades valorizam ou requerem como pré-requisito cada ponto que você listou. Desta forma, você saberá onde terá mais possibilidade de sucesso e irá capitalizar seus pontos fortes a seu favor.

Dica 3

Anule seus pontos fracos e deficiências

Não perca tempo em áreas em que você não é habilidoso.
Leonardo da Vinci (1452-1519)

Tão importante quanto conhecer seus pontos fortes é conhecer seus pontos fracos, deficiências e limitações. É inseguro, não gosta de acordar cedo, não é formado, é fechado, reservado, não gosta de liderar ou de assumir riscos, não fala nenhuma língua além do português? Apenas um ponto fraco será o suficiente para obstruir sua caminhada rumo ao sucesso se a habilidade que você não domina é justamente um pré-requisito para a carreira que escolheu. Por isso é tão importante conhecê-los para não perder tempo em uma carreira que estará condenada ao fracasso. Por outro lado, conhecendo suas limitações, você pode escolher uma carreira na qual elas não sejam um impedimento para o sucesso.

Da mesma forma como você analisou seus pontos fortes, faça uma lista para seus pontos fracos, deficiências e limitações. Para cada um deles, liste uma atividade ou profissão na qual aquele ponto fraco não seja um problema.

Por exemplo: você não gosta de acordar cedo de jeito algum e, quando tem que fazer isso, fica de mau humor e não trabalha direito. Sem problemas, desde que você arrume um trabalho noturno, como professor de faculdade, dono de bar ou piloto de avião cargueiro. Não fala nenhum idioma estrangeiro? Ok, não se desespere. Existem centenas de atividades em que não é necessário dominar nenhuma outra língua. Não gosta de receber ordens? Seja sensato: trabalhe por conta própria. Sempre há uma solução para cada ponto. Mas, para isso, você precisa bem. Por isso, seja honesto quando fizer a lista.

Dica 4

Trabalhe no que você realmente gosta

Escolha um trabalho que você ame e não terá que trabalhar um único dia em sua vida.
Confúcio (551-479 a.C.)

Ficamos tristes quando vemos jovens escolhendo a carreira em função da eventual remuneração que terão depois de formados ou em função da influência familiar.

Você sabia, por exemplo, que nosso grande poeta Carlos Drummond de Andrade (1902-87) formou-se em farmácia e que nosso grande comediante e ator Renato Aragão, mais conhecido como Didi Mocó, formou-se em direito? Pois é, mas ambos seguiram carreiras completamente diferentes daquelas para as quais se prepararam durante tantos anos.

A realização pessoal, que todos tanto almejamos, não se baseia em ganhos financeiros ou em deixar nossos pais contentes por termos seguido suas profissões. A verdadeira realização está pautada em trabalhar naquilo que nos deixa felizes.

Obviamente a parte financeira é importante, mas se você for bem-sucedido fazendo o que gosta, será remunerado à altura.

Volta e meia recebemos e-mails de pessoas, geralmente na casa dos 40 anos, que conquistaram o sucesso profissional mas não se sentem realizadas, pois seu sonho era ser... piloto de avião!

Infelizmente, nossa sociedade materialista cobra dos jovens uma escolha profissional que lhes assegure riqueza material, quando a verdadeira busca deveria ser por um trabalho prazeroso. E quem disse que não se pode ganhar bem fazendo aquilo que nos dá prazer?

Curiosidade: recente pesquisa realizada com 8 mil profissionais cadastrados na rede LinkedIn apontou que apenas um em cada três profissionais trabalha naquilo que sonhou quando criança.

SEGUNDA ETAPA
Planejando o sucesso

Boa sorte é o que acontece quando a oportunidade encontra o planejamento.

Thomas Edison (1847-1931)

O sucesso não cairá do céu, nem que você trabalhe 24 horas por dia. Aliás, trabalhar de sol a sol nunca foi garantia de sucesso. O sucesso não deve ser encarado apenas como a linha de chegada de uma grande caminhada: estar no caminho certo já é um indicador de sucesso!

Passar no vestibular, conseguir o primeiro estágio, o primeiro emprego, o casamento, a formatura, a promoção no trabalho, a especialização, o convite para trabalhar em uma grande empresa, a conquista de uma bolsa de mestrado... Tudo isso representa pequenas vitórias que são uma demonstração inequívoca de que uma pessoa está trilhando o caminho do sucesso!

Se é verdade que não existe uma fórmula mágica para o sucesso, não é menos verdade que um bom planejamento pode nos ajudar bastante nesta empreitada. E vamos aproveitar para deixar muito claro que, do ponto de vista do marketing pessoal, sucesso nada tem a ver com ganhar dinheiro ou bens materiais, mas, tão somente, com a satisfação de ter um sonho realizado, um objetivo de vida alcançado.

O planejamento do sucesso nasce com um sonho: o que eu quero ser? Agora que você já sabe o que quer ser, transforme seu sonho em *objetivos*. Depois divida estes objetivos em várias *metas*. Em seguida transforme estas metas em pequenas ações diárias. Finalmente, acrescente aquela pitadinha de fermento para o bolo crescer firme e forte: *determinação*.

Somente o fato de ter estabelecido um objetivo de vida e estar trabalhando para atingir as metas que determinou já é uma prova de sucesso, pois você acaba de conquistar sua primeira vitória: a de *acreditar em seu sonho* e trabalhar por ele!

Dica 5

Estabeleça objetivos profissionais claros

Todo bom desempenho começa com objetivos claros.
Ken Blanchard

Antes de começar sua grande e prazerosa caminhada rumo ao sucesso, você precisa saber aonde quer chegar, senão, como diz o ditado chinês, qualquer caminho será bom.

Primeiro, não estabeleça objetivos financeiros ou materiais, como ganhar um milhão de dólares ou comprar uma Ferrari. É o *ser* que nos trará a realização e não o *ter*. Você precisa definir quem quer ser quando crescer, ou seja: no que quer trabalhar? Em que área específica pretende atuar? Até onde quer chegar em termos de profissão? Qual posição almeja conquistar?

Uma única formação pode abrir um leque enorme de opções para se exercer uma determinada profissão. Vamos pegar a área de saúde, por exemplo: você pode atuar como médico no seu próprio consultório, trabalhar como cirurgião em vários hospitais, como professor em uma faculdade de medicina, como pesquisador de novos fármacos, como médico voluntário em uma ONG internacional, ocupar um cargo público na área ou, quem sabe, ser dono de sua própria clínica de estética. Você percebe a riqueza de opções e quão importante é fazer a escolha certa? Se isso for levado em consideração, a chance de você se formar e acabar trabalhando em uma área desta profissão que eventualmente não o deixe realizado será bem menor.

Por isso, antes de estabelecer seu objetivo de vida, conheça a fundo as características de cada profissão e seja o mais específico possível em sua escolha.

Dica 6

Demonstre confiança: acredite em você!

A confiança em si mesmo é o primeiro segredo do sucesso.

Ralph Waldo Emerson (1803-82)

Se você não acredita em si mesmo, no seu talento, no seu potencial, quem é que vai acreditar?

Na década de 1980, o Bamerindus, um dois maiores bancos do país na época, veiculou uma bela campanha com o inteligente mote "Acredite-se". Acreditar no seu talento, no seu potencial e em suas qualidades é fundamental para atingir seus objetivos. Os obstáculos e as adversidades em sua jornada rumo ao sucesso serão uma prova de sua confiança em seu potencial.

John Lennon, quando saiu de casa com a guitarra embaixo do braço para viver como músico, ouviu da tia a nada animadora previsão de que iria morrer de fome. Não só não morreu de fome como ficou rico e famoso. Walter Elias Disney (1901-66), mais conhecido como Walt Disney, foi demitido de seu primeiro emprego por — acredite se quiser — falta de criatividade. Não custa lembrar que Disney foi o sujeito que, em 1928, criou o Mickey, que se tornou o ratinho mais simpático e famoso do mundo. O professor de Beethoven (1770-1827), um dos compositores eruditos mais famosos do mundo, não tinha a menor esperança de que ele compusesse algo que prestasse.

A história está repleta de exemplos de pessoas de sucesso que preferiram acreditar em seu talento a acreditar na opinião negativa dos outros. E você, *em quem irá acreditar?*

Dica 7

Defina metas

Coloque metas na sua vida e não desculpas.
Gustavo Acosta

Agora que você já decidiu aonde quer chegar, comece a trabalhar nas metas que irão conduzi-lo com segurança ao destino escolhido. E jamais pule uma etapa de sua longa jornada, pois o sucesso não permite atalhos. Uma pequena etapa que você pular agora pode vir a fazer uma grande falta lá na frente...

Lembramos bem de muitos colegas copilotos que não foram promovidos a comandantes porque lhes faltava o domínio do inglês aeronáutico. Ou seja: uma importante meta de sua jornada — aprender inglês — foi deixada para trás.

Tenha sempre em mente seu objetivo maior, mas atenha-se inicialmente à conquista da próxima meta. Mesmo que seu objetivo seja chegar ao topo do Everest, concentre-se, primeiro, em chegar bem (e inteiro!) ao acampamento base. Depois você se preocupa com o acampamento avançado 1, e assim sucessivamente.

Esta analogia serve para qualquer objetivo que você tenha estabelecido para sua vida. Transforme seus objetivos em metas e concentre-se apenas em atingi-las, uma por vez.

Dica 8

Estabeleça um cronograma de ações

A quem sabe esperar, o tempo abre as portas.
Provérbio chinês

Não trabalhe com um prazo inferior a 10 anos. Entre a definição de seu objetivo e a linha de chegada, você vai ter que estudar pelo menos uns sete anos (formação e especialização), fazer estágios, começar a carreira em cargos de pouca visibilidade até galgar postos mais importantes.

Um pianista precisa de pelo menos sete anos de treinamento diário para interpretar com virtuosidade o famoso Concerto para Piano #1 de Tchaikovsky (1840-93). E o que falar de um piloto que almeja o posto de comandante de voos internacionais? Tanto faz se você quer fazer uma carreira dentro de uma empresa, atuar como pianista, como piloto de avião ou como atleta. *Pense sempre a longo prazo.*

Elaborar um cronograma de ações é simples: utilize uma planilha eletrônica. No cabeçalho das colunas, coloque os anos. Nas linhas, coloque as metas para cada ano. Depois, em outra planilha, divida as metas em pequenas e várias ações, com prazos de meses em vez de anos.

Curiosidade: em 25 de maio de 1961, o então presidente John F. Kennedy, em um discurso histórico, estabeleceu um prazo de 10 anos para os Estados Unidos colocarem um norte-americano na lua. Em 20 de julho de 1969, o astronauta Neil Armstrong colocou os pés em solo lunar, cumprindo o objetivo de Kennedy.

Dica 9

Seja rigorosamente determinado e faça o que for preciso

Sucesso nada tem a ver com sorte, mas com determinação e trabalho.

Augusto Branco

Você sonhou, transformou seu sonho em um objetivo, definiu as metas, estabeleceu um cronograma de trabalho e agora chegou a hora de arregaçar as mangas e partir para sua grande jornada. Não se preocupe com o tamanho do desafio que você estabeleceu para si mesmo, pois, como bem lembra Amyr Klink, "a pior derrota é não partir".

Veja este fabuloso exemplo de determinação da japonesa Tamae Watanabe. No dia 19 de maio de 2012, aos 73 anos, ela se tornou a mulher mais velha a chegar ao topo do mundo, o pico do monte Everest, com seus imponentes 8.848 metros. É interessante observar que a determinada Tamae já havia realizado esta proeza dez anos antes, aos 63 anos.

Se você reclama de ter que acordar cedo para fazer um curso de inglês no sábado ou de ir para a academia depois do trabalho, lembre da determinação da senhora Tamae.

Dica 10

Comemore cada conquista

Quando se está empenhado na realização de um sonho, cada pequena conquista é motivo de muita comemoração.

Leila Navarro

Faça sua grande jornada sem se preocupar com o destino. Saboreie cada etapa vencida. Celebre com seus familiares e amigos cada meta atingida e comunique este feito para sua rede de contatos.

É importante que todas as pessoas com as quais você mantém contato acompanhem o progresso que você está fazendo. Não é incomum alguém ficar impressionado com sua determinação e força de vontade e acabar fazendo um convite para você se juntar a ele em outro projeto.

Você até pode mudar de rumo, temporariamente, para adquirir experiência em outras aéreas e aumentar sua rede de contatos que, lá na frente, poderá ser de muita utilidade quando você retornar ao rumo para atingir seus objetivos. Temos colegas pilotos que, mesmo sonhando em trabalhar na aviação comercial, aceitaram convites para trabalhar na aviação executiva para adquirir experiência e fazer horas de voo, mas sem nunca perder de vista seu principal objetivo.

Lembrete: esta dica pode ser usada em conjunto com a dica 99 (Divulgue suas realizações).

Dica 11

Não nade contra a correnteza

Lutar por algo que já está perdido não é determinação, é estupidez.

Félix Rocha

Não há nada mais deprimente do que entrar de cabeça em uma empreitada fadada ao fracasso. Existe uma grande diferença entre ser determinado e persistir em uma causa reconhecidamente perdida.

Além de eficiente, você deve ser eficaz! De nada adianta fazer muito bem-feita a tarefa errada. Será que pesquisar e projetar a máquina de escrever mais eficiente do mundo seria garantia de sucesso? Será que investir tempo e dinheiro para ser professor de aramaico é uma boa ideia? Ou virar um especialista em código Morse?

Observe o mercado e suas tendências. Analise as áreas que estão em crescimento e as que estão em queda. E tenha muita atenção às peculiaridades de cada região do país, pois muita coisa que dá certo em determinada região não prospera em outra.

    Se você está em dúvida sobre a viabilidade de levar adiante seu projeto, pesquise na internet quem trabalha na área e troque uma ideia sobre o assunto.

Dica 12

Seja paciente

Aquele que tiver paciência terá o que deseja.
Benjamin Franklin (1706-90)

O sucesso profissional é uma espécie de bônus concedido àqueles que, além de acreditarem no seu potencial e talento, tiveram persistência e paciência para merecê-lo.

Mel Gibson fez sua estreia nas telas em 1977 (*Summer City*), recebendo apenas 400 dólares pelo trabalho. Vinte e três anos depois, o mesmo Gibson faturou *vinte e cinco milhões de dólares* para fazer *O patriota*.

O ex-presidente Lula precisou esperar treze anos e concorrer a quatro eleições — em 1989, contra Fernando Collor de Mello; em 1994 e 1998, contra FHC; e, finalmente, em 2002, contra José Serra — até conseguir consagrar-se presidente do Brasil.

A famosa romancista britânica Agatha Christie (1890-1976) teve que enfrentar a rejeição de seis editoras e esperar por cinco longos anos até ver sua primeira obra, escrita em 1916, ser publicada. Mas o sucesso veio apenas dez anos depois, com a publicação de *O assassinato de Roger Ackroyd*.

Quase todas as pessoas de sucesso que conhecemos levaram anos trabalhando e persistindo até se consagrarem. Por isso, não se apresse! Faça a lição de casa corretamente que o sucesso — mesmo que demore anos — virá.

Dica 13

Seja um otimista: não desista de seus sonhos

O mundo pertence aos otimistas. Os pessimistas são meros espectadores.

Dwight Eisenhower (1890-1969)

Muitas vezes as coisas podem não acontecer como gostaríamos. Traçamos um plano mas ele não ocorre como esperávamos. Percalços de toda natureza podem acontecer. Às vezes não resta opção a não ser dar um passo para trás, ver o que deu errado e tentar de outra forma.

O que você acha de um empresário que faliu quando tinha 31 anos, concorreu a deputado estadual e não foi eleito, que aos 34 anos faliu novamente e um ano depois perdeu a esposa? Depois de viúvo e com 38 anos, perdeu mais uma eleição, dessa vez para prefeito. Cinco anos depois, tentou novamente, sem sucesso, eleger-se deputado federal. Três anos mais tarde, perdeu mais uma eleição, dessa vez para deputado estadual. Será que depois disso ele jogou a toalha? Não! Mais tarde, com 48 anos, tentou mais uma vez um pleito para deputado federal. E perdeu. De novo...

Imagino que você já perdeu as contas de quantas derrotas esse homem sofreu. Mas ainda não acabou. Aos 55 anos perdeu mais uma eleição, dessa vez para senador. Pelas nossas contas já foram seis derrotas. Será que era hora de desistir do sonho? Para esse homem, não. Tentou, novamente, uma eleição para vice-presidente aos 56 anos. E perdeu outra vez. Mas o sonho era mais forte. Aos 58 anos concorreu novamente ao senado. E perdeu de novo. Caramba, será que esse homem não vai desistir nunca? Não, não vai. Aos 60 anos, venceu sua candidatura mais importante da vida: a *presidência dos Estados Unidos!*

Esse homem chama-se Abraham Lincoln, eleito o décimo sexto presidente dos Estados Unidos em 1864.

TERCEIRA ETAPA

Invista em sua saúde

É a saúde que é a riqueza real, e não peças de ouro e prata.

Mahatma Gandhi (1869-1948)

A boa saúde física, mental e emocional é seu maior patrimônio. Gandhi já nos alertava de que a verdadeira riqueza de um ser humano é a sua saúde e não bens materiais. Além do mais, o que você fará se ganhar muito dinheiro e não tiver saúde para desfrutá-lo?

Ter uma boa saúde é pré-requisito indispensável para qualquer objetivo que você almeje alcançar, seja ele no âmbito acadêmico, esportivo, profissional e até mesmo amoroso. Os desafios de sua jornada rumo ao sucesso exigirão grande preparo *físico e psicológico*, por isso é tão importante investir em sua saúde.

Em sua excitante jornada rumo à consagração você enfrentará uma agenda cheia, alternando trabalho e estudos, treinamento, longas e cansativas viagens, salas de espera, compromissos enfadonhos, reuniões intermináveis e grandes cargas de trabalho. Se tiver filhos, ainda terá que arrumar tempo para cuidar deles.

A boa saúde lhe confere maior resistência a doenças e melhor capacidade de concentração, raciocínio e poder de argumentação, que serão bastante úteis no âmbito profissional.

A seguir selecionamos algumas dicas importantes para você desfrutar de uma boa saúde.

Dica 14

Alimente-se bem

*Uma maçã por dia o mantém longe do consultório médico.**

Ditado galês

O famoso ditado acima ensina que comer uma maçã por dia manterá você longe dos médicos. E é a mais pura verdade, pois esta nobre fruta traz uma série de benefícios para a saúde. É rica em antioxidantes, vitaminas, minerais, e, o mais importante: ajuda a prevenir doenças.

Sempre que almoçar em um restaurante do tipo self-service, mostre que é uma pessoa inteligente e bem-informada a respeito de alimentos: em vez da famigerada e pouco nutritiva dupla batata frita e bife à milanesa, coloque legumes e verduras no seu prato, uma fatia de frango grelhado e uma porção de batatas cozidas, por exemplo.

E, de sobremesa, prefira as frutas. Doces, apenas de vez em quando.

---

*"An apple a day keeps the doctor away" [N. da E.]

Levar uma vida agitada tampouco é motivo para não se alimentar corretamente. Faça pelo menos quatro refeições por dia e beba muito líquido. Em caso de dúvida sobre como se alimentar bem, converse com um nutricionista.

Além de ajudar você a levar uma vida saudável, a boa alimentação fará seu intestino funcionar corretamente, aumentará sua imunidade e disposição, melhorará a qualidade de seu sono e, o melhor de tudo, *aumentará sua expectativa de vida*.

Curiosidade: conforme dados do IBGE (2008-2009), apenas 1% da população brasileira consome a quantidade ideal de frutas e verduras, o que comprova que o brasileiro, infelizmente, não se alimenta bem.

Dica 15

Pratique atividade física regularmente

A nossa crescente falta de aptidão física é uma ameaça à nossa segurança.

John F. Kennedy (1917-63)

Você não precisa ser um atleta profissional para praticar atividades físicas regularmente, mas precisa ser inteligente o bastante para saber que isso é fundamental para a sua boa saúde física, mental e espiritual, além de ajudá-lo a manter o peso e a forma.

Para se ter uma ideia da importância deste tema, basta ver que a Organização Mundial da Saúde elegeu o dia 6 de abril para comemorar o Dia Mundial da Atividade Física. E não sem razão, pois, de acordo com o Ministério da Saúde, impressionantes *65 milhões de brasileiros* (40% da população) *estão acima do peso ideal!*

A prática regular de alguma atividade física ajuda a melhorar seu humor, a manter a forma, a fortalecer seu sistema imunológico e, principalmente, a sua disposição para enfrentar o ritmo frenético de trabalho e estudos diários. E, por favor, não nos venha com a velha desculpa de que não tem tempo ou dinheiro: sempre se arruma um tempinho quando se é determinado. Meros **30 minutos** de exercícios físicos por dia, que você pode fazer até em casa, já fazem uma grande diferença.

Espante a preguiça: exercite-se!

Dica 16

Durma o necessário

Carreira profissional alguma justifica horas a menos de sono. Dormir menos que o necessário irá lhe causar vários problemas, entre os quais:

- **falta de concentração**, o que pode levá-lo a cometer erros e, na pior das hipóteses, a sofrer acidentes;
- **comprometimento da memória**, o que pode fazer com que você se esqueça de compromissos, de alguma tarefa importante ou, ainda, do nome das pessoas;
- **irritabilidade**, o que pode levá-lo a tratar mal alguém do seu meio de relacionamento;
- **comprometimento do raciocínio**, o que pode levá-lo a tomar decisões de qualidade duvidosa.

A quantidade ideal de sono varia de pessoa para pessoa, mas os especialistas falam em um mínimo de sete horas por noite. Dormir menos que o ideal trará um prejuízo ainda mais grave para sua saúde, que é o enfraquecimento de seu sistema imunológico, o que abrirá as portas para doenças e infecções.

Para ter uma boa noite de sono, coma alimentos leves no jantar, procure dormir e levantar no mesmo horário, vá para a cama somente quando tiver sono, não leia ou veja TV na cama, não tome café, Coca-Cola, guaraná ou bebidas alcoólicas depois das 18h.

Se tiver problemas para dormir, procure um médico especialista em distúrbios do sono o quanto antes. Dormir bem é, também, qualidade de vida.

Curiosidade: conforme dados da Organização Mundial da Saúde, 80 milhões de brasileiros não dormem de maneira correta.

Dica 17

Seja sua própria mãe

Você já é "grandinho" o suficiente para saber o que faz bem para sua saúde e o que não faz. Por isso, trate de usar o bom senso e evite certos abusos, como tomar líquidos excessivamente gelados, entrar com pouca roupa em ambientes refrigerados, sair à noite sem um agasalho, apanhar chuva, ficar sem comer durante horas, almoçar em 10 minutos, tomar sol sem protetor solar. Evite práticas que sabidamente não são boas para a sua saúde.

Pegar uma gripe, perder a voz ou ficar como um "pimentão" depois de um fim de semana na praia poderá atrapalhar seu trabalho ou o andamento de um projeto. Por isso, faça de tudo para não ficar gripado ou afônico.

E a famosa cara de "peixe morto" quando acordar? Conhece aquele sujeito que chega da balada às cinco da manhã e vai trabalhar às oito? Sua expressão não o deixará ocultar sua falta de responsabilidade. Chegar no horário, bem-disposto e com boa aparência no trabalho ou na faculdade é uma demonstração de responsabilidade e de comprometimento com o trabalho ou os estudos. Nada contra os boêmios, mas se você deve estar cedinho em algum lugar no dia seguinte, trate de escolher outra noite para sair.

Faça de conta que sua mãe está sempre ao seu lado, vigiando-o!

Dica 18

Cuidado com o mau hálito e com o suor excessivo nas mãos

Milhões de brasileiros sofrem com problemas de mau hálito ou com suor excessivo nas mãos. Ambos são desagradáveis e podem se tornar uma barreira para o relacionamento pessoal e a ascensão profissional. E o pior é que, muitas vezes, a pessoa sequer percebe que tem mau hálito.

Uma pesquisa da Associação Brasileira de Halitose aponta que 37% dos jovens entre 12 e 19 anos têm ou já tiveram problemas de mau hálito. A mesma pesquisa mostra, ainda, que a falta de higiene bucal é o principal motivo do mau hálito. Ou seja: um problema que poderia ser evitado se houvesse maior conscientização do problema.

Dados do Instituto Central do Hospital das Clínicas da Faculdade de Medicina da USP mostram que 2,8% da população brasileira sofrem com hiperidrose. Infelizmente, poucas pessoas comentam a situação com quem apresenta tais problemas, pois acham indelicado falar a uma pessoa que ela tem mau hálito ou sudorese. Mas é importante que alguém da família, um amigo próximo ou um(a) namorado(a) comente este fato, pois estará, a bem da verdade, fazendo um grande favor à pessoa que tem um desses problemas. Você mesmo já deve ter percebido como é desagradável conversar com alguém que tem mau hálito ou cumprimentar alguém com as mãos suadas.

Por isso, se você tem problemas relacionados a mau hálito ou suor excessivo nas mãos, procure imediatamente um médico. Não deixe que problemas facilmente tratáveis afetem seu convívio social e seu crescimento profissional.

QUARTA ETAPA

Capriche no visual

Nem sempre as aparências enganam; algumas pessoas são exatamente o que aparentam ser.

Marília Gabriela

Você já reparou, em supermercados e lojas, o quanto as empresas capricham nas embalagens de seus produtos? Você já percebeu que as embalagens de joias e canetas de marcas conceituadas são tão bonitas quanto os produtos que contêm? Pois é, muitas embalagens impressionam tanto quanto os produtos. E esse é o objetivo: *causar uma ótima impressão*. E, com as pessoas, o raciocínio é o mesmo: investir em uma bela "embalagem" para causar uma boa impressão.

O primeiro julgamento que fazemos de uma pessoa quando a conhecemos, logo nos primeiros segundos, é feito a partir da análise de sua "embalagem", ou seja: da sua aparência, dos cabelos, das roupas, dos acessórios... Independente de a pessoa ter ou não um bom conteúdo e por mais precipitada e superficial que seja essa avaliação, ela pode ser a diferença entre uma oportunidade que se abre ou que se perde. A credibilidade de tudo o que uma pessoa disser estará condicionada ao pré-julgamento feito a partir da sua "embalagem".

Não é por outro motivo que devemos dar tanta atenção ao nosso visual. Ele será o responsável pela *primeira impressão* que alguém que acaba de nos conhecer terá a nosso respeito. E isso poderá impactar de forma positiva ou não os desdobramentos desse contato.

Não é incomum as empresas selecionarem os candidatos pelo currículo e depois eliminarem-nos na entrevista de emprego por causa de sua má aparência. Muitas empresas chegam a colocar em seus manuais a maneira como seus funcionários devem se vestir.

Valorizar seu visual é criar uma pré-disposição favorável para você "vender" seu conteúdo. Por isso, não deixe de investir nisso.

Dica 19

Mantenha cabelos e unhas sempre bem cortados

A cada três semanas vá ao cabeleireiro para manter os cabelos sempre bem-cortados e tratados. A menos que você seja jogador de futebol, cantor de rock ou mulher, mantenha os cabelos sempre curtos e bem-penteados. Vá regularmente ao cabeleireiro, pois tendo os cabelos cortados e aparados com frequência você manterá sempre o mesmo visual. Agora, se você é mulher e gosta de cabelos compridos, fique à vontade, mas mantenha-os sempre bem-penteados.

Outro aspecto de sua aparência que pode ser resolvido em menos de dois minutos e que quando esquecido pode causar uma impressão de desleixo são as unhas. Mantenha-as sempre cortadas. Não se esqueça de que estamos falando do conjunto. Tudo é importante e as pessoas reparam em tudo. É como aquela frustração de quem limpa uma casa: nunca se repara na limpeza da casa, mas tão somente naquela sujeira que escapou da limpeza. As pessoas não irão reparar se está tudo em ordem no seu visual, mas, infelizmente, naquilo que está "fora do lugar", como unhas enormes ou sujas...

Não dê margem para qualquer comentário negativo. De nada valerá investir uma boa quantia em roupas, cabelo e acessórios se você deixar suas unhas compridas ou roê-las.

Dica 20

Faça a barba diariamente. Não abuse da maquiagem

Demasiada maquiagem e muita pouca roupa para vestir é sempre um sinal de desespero para a mulher.
Oscar Wilde (1854-1900)

Barba por fazer é sinal de desleixo e não transmite uma boa impressão. As exceções ficam por conta dos domingos e feriados, quando você pode dar um merecido descanso para a pele de seu rosto.

Recentemente, numa grande exportadora de Curitiba, um candidato foi selecionado para uma vaga de gerente de exportação. Mas ele acabou perdendo uma boa oportunidade ao comparecer à entrevista com barba por fazer. Como o quesito "barba feita" é muito valorizado naquela empresa, que entende que um profissional que não tem a menor preocupação com sua aparência também não a terá com a empresa para a qual trabalha, ele acabou sendo descartado.

E, para as mulheres, muito cuidado com a maquiagem. Não abuse dela. A maquiagem deve ser a mais discreta possível, demonstrando bom senso. Esse detalhe é tão importante que algumas companhias aéreas chegam a descrever em manual a maneira como suas comissárias devem se maquiar.

Dica 21

Cuide da aparência de seus dentes

Não possuo nenhum segredo de beleza. Meu único cuidado é escovar os dentes.

Avril Lavigne

Sabe aquela placa bacteriana que se forma sobre os dentes, incolor e com um aspecto pegajoso? Pois é, se você cuidar bem de seus dentes, escovando-os corretamente e utilizando o fio dental após as refeições, conseguirá evitar a formação da placa, que se não for constantemente removida com a escovação acaba por endurecer, formando o famoso e desagradável tártaro.

A higiene bucal diária é importante para que seus dentes tenham uma aparência bonita e saudável, além de evitar cáries e combater o terrível mau hálito. Também é recomendável visitar seu dentista a cada seis meses para fazer uma limpeza e retirar o tártaro que, eventualmente, acaba se formando.

Outro detalhe a ser considerado é o clareamento dental. Ele é uma opção interessante para quem não tem o privilégio de ter os dentes branquinhos, por diferentes motivos. Atualmente existem inúmeras clínicas especializadas que oferecem esse tipo de tratamento estético.

Se esse é seu caso, pense no assunto, pois dentes brancos conferem uma aparência mais bonita às pessoas.

Dica 22

Use roupas boas e apropriadas

O homem bem-vestido é o homem em cuja roupa a gente nunca repara.
William Somerset Maugham (1874-1965)

Se cabelos bem-penteados e tratados demonstram asseio e esmero, roupas boas e adequadas demonstram bom gosto e bom senso. Ninguém precisa gastar muito dinheiro para se vestir corretamente. Se você quiser investir 5 mil reais em um elegante terno Armani, tudo bem, vá em frente. Mal não vai fazer... Mas não é o caso.

Do ponto de vista do marketing pessoal, o mais importante é se vestir de forma adequada aos ambientes que você frequentará. Por exemplo: usar sandálias e camiseta regata é muito legal e extremamente apropriado para a praia ou piscina, mas totalmente inadequado para o ambiente formal de um teatro, fato que pudemos constatar em um cruzeiro que fizemos recentemente. Ou seja: o sujeito tem dinheiro para fazer um cruzeiro caro mas não tem o bom senso de se vestir adequadamente...

Da mesma forma, não é apropriado trabalhar de tênis e camiseta num ambiente de trabalho formal. Frequentar aulas de bermuda pode ser bacana e confortável, mas se você for aluno de um curso de Direito não pegará bem. Usar minissaia ou um vestido muito curto no trabalho ou na faculdade também não é boa ideia.

Não custa lembrar a tremenda repercussão nacional que teve a expulsão da estudante do curso de Turismo, Geisy Arruda, de apenas 20 anos, da Universidade Bandeirante, de São Bernardo do Campo, em outubro de 2009, por conta de um vestido curto demais, considerado inadequado pela direção daquela universidade.

Quando for se vestir, vista-se antes de bom senso!

Dica 23

Atente para sua postura e gestos

Tão importante quanto estar bem-vestido é manter uma postura correta e elegante, pois nossa postura, o modo de andar e gestos dizem muito a respeito de nossa personalidade.

Procure sempre andar com a coluna reta, com a cabeça erguida e olhando um pouco acima da linha do horizonte. Isso transmite segurança e vigor. Não ande com a cabeça baixa, olhando para o chão. Passa a sensação de tristeza. Não deixe os ombros caírem para a frente.

Ao pegar um objeto pesado, abaixe-se lentamente, dobrando os joelhos e mantendo a coluna sempre ereta. Se estiver sentado, evite deitar-se na cadeira: lugar de descansar é na cama. Sente-se sempre mantendo a coluna reta. Também não apoie a cabeça na mão quando estiver na mesa, pois isso passa a ideia de desânimo. Quando se levantar, não arraste a cadeira. Se você é daquele tipo de pessoa que fica balançando a perna quando está sentado, procure um tratamento, pois além de incomodar seu interlocutor, isso transmite ansiedade.

Procure ser calmo nos gestos e movimentos, demonstrando serenidade e elegância. E não roa as unhas. Esse hábito transmite insegurança e ansiedade.

Jamais faça gestos obscenos. Você pode até acabar preso por causa deles. Confira a história na dica 52.

Dica 24

Relógio, óculos, bolsa e caneta de primeira linha

Quem não reconhece de imediato uma famosa e elegante caneta Mont Blanc (nome escolhido para homenagear o famoso Monte Branco, a montanha mais alta da Europa Ocidental) ou um imponente e sofisticado relógio Rolex, um ícone da relojoaria suíça? Que mulher nunca pensou em comprar uma Louis Vuitton, famosa marca francesa de bolsas criada em 1854?

Pois é, marcas internacionalmente famosas que se tornaram grifes de luxo representam sofisticação e elegância para quem tem o privilégio de tê-las. Assim como no caso dos elegantes ternos Armani (dica 22), se você tiver condições e quiser usá-las, mal não vai fazer.

A questão é você escolher e usar somente produtos de *primeira linha*, pois se trata de uma questão de coerência! Analise conosco: se você vai comprar um terno de qualidade para valorizar sua imagem, não pode deixar de investir também em uma boa caneta, para combinar com seu terno fino. Da mesma forma, o relógio também não pode ser de plástico como aqueles que você compra num camelô por meros cinquenta reais...

Procure comprar e usar somente produtos de marcas conhecidas e conceituadas, pois, além de valorizar a sua imagem, eles transmitem sofisticação e elegância para quem os porta. Finalmente, não caia na asneira de usar uma imitação ou, como diz uma amiga, uma Louis Vintão... Pode-se até enganar muita gente, mas, se alguém notar que é um produto falsificado, pegará muito mal para a sua imagem.

Dica 25

Mantenha seu carro (ou moto) sempre limpo e em bom estado

Você contrataria para sua empresa um candidato a gerente de patrimônio que chegasse com um carro sujo e amassado para a entrevista de emprego? Provavelmente, não! Se ele não consegue cuidar do próprio carro, que dirá do patrimônio de sua empresa!

Em nossa sociedade altamente motorizada, onde uma em cada quatro pessoas tem um carro ou uma moto, o veículo passa a ser uma extensão de nossa personalidade. É natural que as pessoas percebam o estado em que se encontra seu carro ou moto.

Se você circula com o seu veículo sempre limpo e em bom estado de conservação, a leitura que as pessoas irão fazer é que você é uma pessoa cuidadosa e esmerada, que cuida bem dos seus bens materiais. O inverso também é verdadeiro: não adianta ter um belo carro importado e rodar com ele sempre sujo. A mensagem que você está passando é a de uma pessoa relaxada...

Além da aparência, outro detalhe importante é a parte documental e as condições gerais do seu carro. Você nunca sabe quando poderá precisar dele para fazer uma viagem de última hora.

Curiosidade: o Brasil fechou o ano de 2012 com a sétima maior frota de veículos do mundo. São 33 milhões de carros e 12 milhões de motocicletas

QUINTA ETAPA

Adote uma conduta digna de admiração

Aja sempre de forma correta. Isto irá agradar algumas pessoas e surpreender o resto.

Mark Twain (1835-1910)

Vamos fazer um pequeno resumo do que já fizemos neste início de nossa longa caminhada rumo ao sucesso: já temos uma boa ideia de *quem somos* e para *onde queremos ir*, certo? Também estamos cuidando de nossa saúde física, mental e espiritual e investindo em nosso visual. Mas isso, caro leitor, é só o começo. É preciso, agora, atingir o lado emocional das pessoas. É importante também que você se torne uma pessoa digna de admiração e respeito por todos que venham a ter contato com você ao logo da vida. O comportamento é tão importante quanto o conhecimento, pois de nada vale o conhecimento sem a devida humildade. Quando esta está ausente, abrem-se as portas para a arrogância e a prepotência. Empresas até toleram erros técnicos, mas jamais os de comportamento.

Ninguém gosta de se relacionar ou trabalhar com pessoas arrogantes, prepotentes, rudes, pessimistas, de baixo-astral, mal-humoradas e que vivem se lamentando ou reclamando de alguma coisa. Gostamos, sim, de nos relacionar com pessoas que estejam de bem com a vida, educadas, atenciosas, gentis, que sejam otimistas e bem-humoradas, que estejam a maior parte do tempo de alto-astral e que raramente reclamam de algo. Isso vale tanto para o ambiente familiar e social quanto para o profissional. Ou será que não pode haver bom humor e descontração no local de trabalho? Não só pode como deve. Aliás, o humor é tão importante que até faz parte dos famosos quatro H do sucesso: **Humor, Honestidade, Habilidade e Humildade**.

As dicas a seguir ajudarão a torná-lo uma pessoa admirada e respeitada, independente de sexo, faixa etária ou classe social. Serve para todos, desde o porteiro do prédio até o presidente de uma grande empresa.

Se as pessoas gostarem de se relacionar com você, suas chances de se defrontar com boas oportunidades profissionais, esportivas, acadêmicas ou de qualquer tipo aumentarão em progressão geométrica. E há mais um detalhe: *se gostam de você, vão gostar de trabalhar com você.*

Dica 26

Seja ético

A felicidade do ser humano advém de sua conduta ética.

Norberto Keppe

Você compraria um diploma universitário para conseguir um emprego? Você receberia o seguro-desemprego mesmo estando trabalhando? Você cola na prova? Até que ponto você é ético? Parece que essa bandeira está meio fora de moda no Brasil. Mas, acredite: ainda tem gente que é ética e valoriza muito quem também o é. Analise os dois exemplos abaixo de pessoas famosas em relação a esse tema.

Todo mundo conhece Zeca Pagodinho, o sambista mais bem-sucedido do país, com mais de 12 milhões de cópias vendidas. O que pouca gente sabe é que ele usou muito mal sua fama ao dar um péssimo exemplo de falta de ética para os brasileiros. Relembrando: em 2004, ele era garoto-propaganda da cerveja Nova Schin, da Schincariol. Até aí, nada de mais. O problema é que o senhor Jessé Gomes da Silva Filho "esqueceu" que tinha um contrato assinado com a Schincariol e simplesmente, sem mais nem menos, apareceu em um comercial da Brahma! O grupo Schincariol recorreu ao Conar e, em 8 de abril de 2004, em uma votação histórica (11 votos a zero), o comercial da Brahma com a imagem de Zeca Pagodinho foi obrigado a sair do ar. Independente das multas que tanto a Brahma quanto Jessé Gomes da Silva Filho tiveram que pagar, o dano à reputação do cantor irá acompanhá-lo para sempre.

Já o grande tenista Gustavo Kuerten nos deu uma inesquecível aula de ética. Relembrando: em setembro de 2000, Guga anunciou que não participaria mais da Olimpíada de Sidney naquele ano. Apesar de ser o sonho de qualquer atleta, Guga preferiu honrar o contrato com seu patrocinador, a Diadora, e ficar de fora da competição. Como o Comitê Olímpico Brasileiro era patrocinado pela Olympikus, ele não poderia competir com a marca de seu patrocinador. Depois de muitas reuniões entre as partes envolvidas, ficou acertado que Guga competiria sem nenhuma marca estampada no uniforme.

Então, quando você assinar um contrato, não siga o exemplo de Zeca Pagodinho! Seja ético e se espelhe na atitude ética do Guga! Cumpra rigorosamente o que foi acordado. Mesmo que você saia prejudicado.

Dica 27

Pratique o bom humor

Um dia sem um sorriso é um dia desperdiçado.
Charles Chaplin (1889-1977)

O mau humor, além de fazer mal para a saúde, afasta as pessoas de nosso convívio e compromete nossa vida social. Já no ambiente de trabalho prejudica o trabalho em equipe e reduz a produtividade.

Se você está em um daqueles dias em que nada dá certo, não desconte nos outros. Ninguém além do seu terapeuta está interessado no seu azedume.

O bom humor é contagiante, melhora a vida social e deixa o ambiente de trabalho descontraído e mais produtivo. Pessoas bem-humoradas sorriem mais e sorrir faz bem para a saúde, abre portas e corações. Será que Silvio Santos teria se tornado um apresentador de televisão de sucesso sem seu tradicional e famoso sorriso?

Além dos benefícios para sua vida social, familiar, esportiva e profissional, o bom humor também é um bom relaxante, pois contribui na produção de endorfina, hormônio que ajuda a relaxar. E lembre-se, sorrir melhora seu sistema imunológico, ajudando a prevenir resfriados, gripes e outras doenças.

Dica 28

Não se aborreça à toa

Exige muito de ti e espera pouco dos outros. Assim evitarás muitos aborrecimentos.

Confúcio (551-479 a.C.)

Filas no banco, engarrafamento, elevador em manutenção, jornal que não chegou, chuva fora de hora, voo atrasado, cobrança indevida, funcionário que não apareceu, encomenda que chegou danificada, computador que pifou na hora da palestra, enfim, uma infinidade de pequenos problemas que podem acontecer a qualquer mortal. Mas será que eles valem o nosso aborrecimento?

Pare para pensar e veja o que você ganha ao se aborrecer. Cara feia, mau humor e rugas! E o risco de você estourar com quem nada tem a ver com a história. Por isso, controle seu aborrecimento para não dar uma de Michael Douglas em *Um dia de fúria*.

Aproveite a fila no banco para conhecer alguém e criar mais um contato para sua rede de relacionamento. O jornal não chegou? Vá a pé até a banca mais próxima. Choveu? Pegue um táxi. Seu voo está atrasado? Aproveite para ler uma revista ou jornal.

Demonstre serenidade e tranquilidade diante dos pequenos problemas do dia a dia. Assim você deixa de se aborrecer e tira algum proveito de cada situação inesperada que apareça.

Dica 29

Cumprimente a todos, conhecidos e estranhos

Todos gostam de um cumprimento.
Abraham Lincoln (1809-1865)

"Olá, como vai?", "Oi, tudo bem?", "Bom dia, como está?". Como é bom encontrar pessoas que nos recebem com um efusivo e alegre cumprimento. Em contrapartida, nada mais desagradável que encontrar um conhecido e ver que, apesar de tê-lo notado, ele passa direto e nem o cumprimenta.

Cumprimente com um sonoro "bom dia", "boa tarde" ou "boa noite" todos que você conhece. Familiares, amigos, conhecidos, colegas de trabalho etc. Ninguém está dizendo para você, entretanto, interromper um sujeito que está num restaurante com outras pessoas, fazê-lo levantar e dar-lhe um abraço de urso. Em certas ocasiões, um simples movimento de cabeça é mais do que suficiente.

Recomenda-se também cumprimentar pessoas que você não conhece, tais como porteiros de prédio, de empresas, secretárias, ascensoristas etc. Soa simpático e educado.

Dica 30

Aperte a mão de forma decidida

Com o punho fechado não se pode trocar um aperto de mãos.

Indira Gandhi (1917-84)

Ninguém aprecia as pessoas que nos dão a mão para cumprimentar como se tivéssemos uma doença contagiosa. Tudo bem com aqueles que têm problemas de artrite e não podem apertar a sua mão. Mas os demais, que nos dão a mão parecendo que estão deixando-a cair, seria melhor que não a dessem. Passam a impressão de que estão fazendo algo com repulsa, enfado, além de demonstrarem falta de expressividade e firmeza.

Quando der a mão para cumprimentar alguém, faça-o de forma decidida e firme. Também não vamos "quebrar" a mão de nosso interlocutor com um aperto "quebra-nozes".

Jamais cumprimente alguém olhando para o lado. Demonstre atenção a quem você está cumprimentando e fale o nome da pessoa: "Bom dia, Fulano, como vai?". Olhe nos olhos da pessoa, diga alguma coisa agradável e sorria.

Dica 31

Seja e pareça honesto

A mulher de Cesar não basta ser honesta, deve parecer honesta.

Caio Júlio Cesar (100-44 a.C.)

Há mais de dois mil anos o grande político e militar romano Caio Júlio Cesar já nos alertava que não basta ser honesto: devemos, também, parecer honestos.

Quando estiver lidando com dinheiro de terceiros, apresente contas detalhadas e claras do destino do dinheiro para evitar qualquer possibilidade de dúvida quanto à sua honestidade.

Quando executar um trabalho, deixe sempre claro o que você está cobrando como honorários e o que são despesas ou reembolso de terceiros. Apresente recibos e notas fiscais. E jamais caia na fatal tentação de aumentar o valor que você irá repassar a terceiros. Mesmo que esta manobra seja muito difícil de se descobrir, se algum dia vier à tona, você perderá para sempre a reputação, e as pessoas perderão a confiança em fazer negócios com você.

Se você recebeu uma determinada quantia para gastar em despesas de viagem e não utilizou todo o dinheiro, não arrume notas fiscais "frias" para ficar com o saldo: devolva-o integralmente, nem que sejam meros dez reais.

Dica 32

Pague as contas em dia

Conquistar um bom conceito até que não é tarefa das mais difíceis. O problema está em manter este bom conceito ao longo da vida. Basta um pequeno escorregão para perdê-lo.

Para isso, por exemplo, evite atrasar seus compromissos financeiros. Pague suas contas rigorosamente em dia. Desculpas de que estava viajando, que ficou sem folha de cheque, que não se lembrava da conta, que ficou sem conexão com a internet, entre tantas outras, são apenas prova de seu descaso para com seus credores.

Tenha em mente que seu credor pode estar contando com aquele valor. Mesmo que você não concorde com o valor da conta, pague e depois discuta na justiça.

Não pagar uma conta e ter seu precioso nome numa lista de devedores custará muitas vezes mais para sua imagem do que o valor da dívida. Ter crédito na praça é sinônimo de bom cadastro. E, em nossa sociedade consumista, ter crédito é muito importante.

Dica 33

Sempre retorne ligações e e-mails

Respeito e consideração: use sem moderação.
Bruna Pilatti

Não tem nada mais desagradável do que ficar ligando repetidas vezes para falar com uma pessoa. Não importa se você é o papa! Por uma questão de consideração e respeito a quem quer que seja, não deixe de retornar ligações, fax, e-mails ou cartas. Mesmo que seja daquela pessoa chata com quem você não quer falar.

Seja educado e cultive este hábito. É muito desagradável enviar um e-mail a um amigo, colega de trabalho ou chefe e não receber nenhum retorno. Mesmo que seja para dizer não, dê uma satisfação para a pessoa que ligou ou escreveu para você.

Tampouco adianta vir com aquela velha desculpa de que não recebeu o recado. Para que servem as práticas secretárias eletrônicas e mensagens de voz dos celulares? Além de passar uma imagem de mal-educado, não se esqueça de que você pode estar perdendo uma grande oportunidade ao não retornar ligações.

Em último caso, se você é do tipo de profissional que recebe dezenas de e-mails por dia, peça para alguém de sua confiança responder por você. Não é o ideal, mas é menos mau.

Dica 34

Trate todos bem, principalmente familiares e amigos

Para onde quer que vás, leva teu coração.
Confúcio (551-479 a.C.)

Você só tem a ganhar tratando com educação e respeito familiares, amigos, conhecidos ou até mesmo estranhos. Se você está chateado, irritado, se sentindo injustiçado, o problema é seu e de mais ninguém. Se alguém lhe tratou mal, paciência! As outras pessoas não têm culpa disso.

Familiares e amigos são fundamentais para nos dar apoio nos momentos difíceis. Por isso é mais do que fundamental manter um bom relacionamento com este grupo especial de pessoas. Se os familiares às vezes incomodam, imagine, então, criar inimizades dentro de casa. Já que não podemos escolher os parentes como escolhemos os amigos, não nos resta senão tratá-los bem, uma vez que teremos de nos relacionar com eles pelo resto de nossas vidas.

E, fora de casa, se alguém não o atendeu como gostaria, imagine que aquela pessoa esteja passando por problemas ou que tenha sido maltratada pelo superior. Não é porque você está pagando que tem o direito de ofender e ser rude com quem não o atendeu como gostaria.

Sendo gentil e tratando bem as pessoas, você receberá em troca gentileza e atenção. Do contrário, além de criar animosidades, você estará fechando muitas portas.

Dica 35

Seja rigorosamente pontual

A pontualidade é a cortesia dos reis e a obrigação dos educados.

Provérbio inglês

Vamos trabalhar para acabar com essa improdutiva, famosa e mal-educada tradição tupiniquim de chegar sempre atrasado aos compromissos. Há inclusive quem ache charmoso chegar depois da hora marcada. Além de tremenda deselegância, é uma demonstração de falta de respeito com quem o compromisso foi combinado. E não adianta vir com a velha e surrada desculpa de que o trânsito estava ruim, pois o trânsito sempre está ruim...

A mensagem que você passa quando chega atrasado é de que o seu tempo é mais importante e valioso do que o tempo da pessoa que o está aguardando.

Outra atitude extremamente grosseira é entrar em teatros e cinemas depois que a sessão ou apresentação começou. Os atrasadinhos ficam procurando lugar em meio à escuridão e esbarrando nas pernas das pessoas para chegar aos seus assentos.

Para não se atrasar, saia com bastante antecedência a fim de chegar antes da hora combinada, e aproveite este tempo para dar uma relaxada, baixar a pulsação, ordenar os pensamentos e pensar nos assuntos que serão tratados.

Dica 36

Não conte vantagem

Quanto mais falamos dos nossos méritos, menos os outros nos creem.

Pierre Beauchêne (1780-1830)

Você já se deparou com aquele sujeito que sabe de tudo, já fez de tudo, conhece todo mundo? Pois é, cuidado para não cair nessa armadilha.

Acreditar no seu potencial e ser uma pessoa segura e confiante é positivo e muito bom para sua vida pessoal e profissional. Mas isso é muito diferente de ser arrogante, metido ou convencido.

Mesmo que você seja uma pessoa viajada, que fala vários idiomas e que conhece meio mundo, não domine as rodas de conversa. Evite ser o centro das atenções.

Procure ser discreto. Fale menos e ouça mais. Deixe para contar suas histórias de viagens, conquistas e vitórias apenas quando pedirem.

Dica 37

Pense antes de falar e agir

Palavra dita é como flecha disparada; não retorna nunca mais.

Ditado indígena

Muito cuidado com o que você vai falar, pois seus pensamentos, dependendo da situação, podem traí-lo. Por isso, pense duas vezes antes de falar algo que, eventualmente, poderá comprometê-lo de forma irreversível.

A emoção muitas vezes faz com que nossos pensamentos fujam da realidade, levando-nos a ingressar no perigoso mundo da fantasia, do exotismo, do estapafúrdio, das generalizações, da irracionalidade. Quem não se lembra da infeliz frase do ex-presidente FHC, que chamou os aposentados brasileiros de vagabundos em 1998? Ou do "relaxa e goza" da então ministra do Turismo, Marta Suplicy, durante o apagão aéreo de 2007?

Após proferir uma impropriedade, por mais que você tente se justificar, o dano à sua imagem já foi causado.

Chilon asseverou com muita propriedade que "não podemos permitir que a língua corra adiante do pensamento".

Da mesma forma, pense antes de agir. É preferível se arrepender de algo que você gostaria de ter feito e não fez a se arrepender de algo que você fez e não deveria ter feito (veja a dica 52).

Dica 38

Dê bons exemplos

A palavra empolga; o exemplo ensina.
Joseph Joubert (1754-1824)

Que tal revogarmos a famigerada Lei de Gerson e virarmos cidadãos de primeiro mundo? Procure agir de forma altruísta, fazendo o bem aos outros, à empresa onde trabalha, à sua comunidade e ao seu país.

Dar bons exemplos não só valoriza sua imagem como também pode elevar o moral de um país inteiro. E, no dia a dia, procure praticar o velho lema dos escoteiros: *pratique uma boa ação por dia!*

Não jogue lixo pela janela do carro e do apartamento, não fure filas, separe o lixo reciclável, segure a porta do elevador para as pessoas entrarem, ceda seu lugar no ônibus para pessoas mais velhas, não fume perto de crianças, respeite os horários de silêncio nos condomínios, não entre no teatro depois de iniciado o espetáculo. Avise o garçom de que ele se esqueceu de acrescentar um refrigerante na conta, ajude os idosos a atravessar a rua e siga o exemplo do cearense Francisco Basílio Cavalcante.

Para quem não se lembra, em março de 2004, o então faxineiro Francisco Basílio Cavalcante, mesmo com um salário de apenas 370 reais mensais e com a conta de luz de 28 reais vencida, resolveu devolver um pacote contendo 10 mil dólares! Fez isso após tê-lo encontrado num banheiro do Aeroporto Internacional Presidente Juscelino Kubitschek, em Brasília. Ele poderia ter ficado com o dinheiro, que, por sinal, mudaria sua vida, mas resolveu dar um exemplo de honestidade para os brasileiros.

Não custa repetir: *mais vale um exemplo do que mil palavras.*

Dica 39

Crie uma fundação

Se você que está nos lendo é um dos 46 felizardos brasileiros que fazem parte do seleto clube dos bilionários, segundo a revista *Forbes* (março/2013), então esta dica é para você!

Em vez de aplicar todo seu patrimônio em ações de empresas, mansões nababescas, carros importados superesportivos, iates cinematográficos, jatinhos transoceânicos, você bem que poderia aplicar uma parte de seu vasto patrimônio na criação de uma fundação de cunho social. Assim fizeram Bill e Melinda Gates, que criaram a maior fundação de caridade do mundo, com ativos na casa dos 37 bilhões de dólares. É uma forma elegante de dar um retorno social à sociedade, a mesma que o ajudou a ficar bilionário.

No Brasil, podemos citar como exemplo a Fundação Roberto Marinho, criada em 1977 pelo jornalista Roberto Marinho.

Curiosidade: O país com o maior número de bilionários é os Estados Unidos, com 442. Depois vem a China, com 122, a Rússia, com 110, e a Alemanha, com 58.

Dica 40

Case cedo

O casamento feliz é e continuará a ser a viagem de descoberta mais importante que o homem jamais poderá empreender.

Søren Kierkegaard (1813-55)

A família é a célula da sociedade. É o coroamento de uma importante fase da vida: você nasce, engatinha, brinca, cresce, vira adolescente, faz faculdade, apaixona-se, namora, fica adulto, começa a trabalhar, assume responsabilidades e, finalmente, casa-se. Uma nova fase começa: agora você é uma pessoa casada!

Pessoas casadas transmitem segurança e passam uma ideia de estabilidade. A sociedade e, principalmente, as empresas gostam disso. Entre dois candidatos com o mesmo perfil e currículo, sendo um solteiro e um casado, a empresa dará preferência ao candidato casado. E o motivo é simples: quando casadas, as pessoas passam a viver mais em comunidade, contratam seguro de vida, deixam de se expor a riscos (tanto é que o seguro de automóvel para casados custa menos do que para solteiros) e pensam duas vezes antes de tomar uma decisão que possa afetar sua carreira profissional. Simplesmente não pedem demissão na primeira discussão com o chefe...

Finalmente, outro benefício: recente pesquisa feita pela economista Carolina Flores constatou que as mulheres casadas ganham em média 20% mais que as solteiras.

Dica 41

Seja educado ao volante

A cortesia nada custa e com ela muito se ganha.
Mary Wortley Montagu (1689-1762)

É impressionante observar a mudança de comportamento de algumas pessoas quando se sentam atrás do volante. Parece que entram em uma arena de guerra. Simplesmente esquecem em casa qualquer resquício de educação e civilidade.

Já que vivemos em uma sociedade motorizada e não temos como evitar o trânsito — com exceção daqueles que ainda não têm um carro ou uma moto —, se esforce para ser educado ao volante: dê passagem para outros veículos, não pare em fila dupla, não fure o sinal, evite cortar a frente de outros veículos, não pare sobre a faixa de segurança, não estacione sobre a calçada, dê a seta quando for fazer uma conversão, evite buzinar e jamais utilize a vaga para um portador de deficiência física (se não for o caso), nem por um minuto.

Ser mal-educado ao volante pode, inclusive, lhe custar um bom emprego. Veja que história interessante: numa manhã de junho de 2003, o empresário Rodrigo Havro Rodrigues, de

Curitiba, estava se dirigindo ao seu local de trabalho quando teve um pequeno contratempo no trânsito. No outro carro, uma mulher vociferava palavrões impublicáveis. Poucos minutos mais tarde, Rodrigo iria fazer uma entrevista de emprego para uma vaga em sua empresa. E, para sua surpresa, quem era a candidata? Exatamente! A moça que, minutos antes, esquecera a educação em casa e por causa de um simples contratempo de trânsito perdeu as estribeiras e, de quebra, qualquer possibilidade de vir a ser contratada.

Dica 42

Use o celular da maneira mais discreta possível

Não pode haver educação onde não há discrição.
Miguel de Cervantes (1547-1616)

O uso do celular pode dizer muito a seu respeito, principalmente no que tange a educação e bom senso!

Primeiro, sempre desligue seu celular em cinemas e teatros. Se você for juiz, médico ou um pai ansioso, deixe-o no modo silencioso.

Segundo, sempre desligue seu celular em reuniões. Novamente, se estiver aguardando uma ligação ultraimportante, deixe o celular com alguém que não esteja participando da reunião.

Terceiro, não use o celular em elevadores, almoços ou jantares com mais pessoas à mesa. Ninguém precisa saber dos seus assuntos particulares.

Quarto, use as opções mais discretas possíveis para avisos de chamadas. O ideal é que as pessoas nem percebam que seu celular está tocando.

Cuidado: sabe aqueles toques de boi mugindo, choro de neném, avião decolando, assobio, carro de Fórmula 1 passando, música sertaneja, galo cantando e outras formas salientes de aviso? Evite-os, pois chamam atenção e demonstram um comportamento imaturo e até mesmo infantil.

Curiosidade: uma pesquisa da Universidade de San Diego, nos Estados Unidos, comprovou que conversas alheias no telefone móvel deixam qualquer um aborrecido — mais até do que ficar no meio de uma conversa da qual você não participa. Mais um bom motivo para você evitar conversar ao celular quando houver pessoas por perto.

Dica 43

Conheça regras básicas de etiqueta

Marketing pessoal e etiqueta andam de mãos dadas. Etiqueta é um assunto tão sério que deveria ser disciplina obrigatória no ensino fundamental, pois é desde criança que aprendemos a nos comportar corretamente.

Conhecemos pessoas na faixa dos cinquenta anos, com bom poder aquisitivo, formadas, mas que até hoje ainda não aprenderam a colocar os talheres paralelos no centro do prato depois de acabar uma refeição. Outras ainda acreditam que, se usarem a mão esquerda para tentar cobrir o rosto, podem palitar à vontade seus dentes na frente de quem ainda está comendo. Sem contar aquelas que acham que podem entrar ou sair de um teatro no meio de uma apresentação. Outras se "esquecem" de se levantar para cumprimentar uma pessoa mais velha. Algumas põem a bolsa em cima da mesa durante uma entrevista de emprego; aproveitam um happy hour para "encher a cara" e dançar em cima da mesa; e há quem entre num ambiente fechado com óculos de sol e boné. A lista de desrespeito às regras de etiqueta é enorme.

Saber como se comportar numa festa, no local de trabalho, num clube, na praia, num casamento, num velório etc. é fundamental para o bom convívio de uma pessoa em sociedade. E isso pode ser aprendido muito facilmente. Existem vários bons livros que tratam do tema. Se você ainda não conhece as regras básicas de etiqueta, compre já um livro sobre o tema.

Dica 44

Decore o nome das pessoas

As pessoas costumam dizer que são péssimas para guardar nomes. Pura bobagem! O que acontece é que elas não se concentram no momento em que são apresentadas a alguém. Existem algumas dicas que podem ajudar a decorar os nomes das pessoas. Conheça algumas delas abaixo:

1. **Ouça com atenção.** Quando for apresentado a alguém, ouça com atenção o nome da pessoa, e, se não entendeu bem, não se sinta constrangido e peça para a pessoa repetir o nome.
2. **Repita em seguida.** Tão logo comece a falar, repita o nome da pessoa. Por exemplo: Prazer, Fulano, como vai?
3. **Estabeleça uma associação.** Procure alguém que você conheça para associar com o nome que você quer decorar. Por exemplo: você acabou de conhecer uma pessoa que se chama Fábio. Pode associar este nome com o do cantor Fábio Júnior.

Decorar nomes é muito importante para a vida profissional, pois volta e meia você pode precisar entrar em contato com determinado profissional para resolver um problema e, sem saber o nome dele, ficará difícil fazer o contato.

SEXTA ETAPA

Cuidado com as atitudes "suicidas"

Ao examinarmos os erros de um homem, conhecemos o seu caráter.

Confúcio (551-479 a.C.)

Imaginamos que você está investindo pesado em seu marketing pessoal e que está trabalhando duro para crescer profissionalmente e conquistar a tão almejada e sonhada realização profissional. Por isso, muito cuidado com determinadas atitudes e comportamentos que podem decretar o fim de sua carreira.

As atitudes que veremos a seguir são fatais para quem as comete. Não são passíveis de justificativas ou de um pedido de desculpas. Simplesmente não são aceitas. A sociedade pode até perdoar quem as comete, mas as empresas, não!

Desde o momento em que acordamos até o momento em que nos deitamos, somos policiados pelos amigos, conhecidos, estranhos e pela mídia, seja no local de trabalho, na sala de aula ou passando férias longe de nossa cidade. Uma simples foto comprometedora tirada do outro lado do planeta e divulgada em um jornal de sua cidade pode arruinar sua imagem e, consequentemente, sua carreira.

O sucesso, infelizmente, tem seu lado perverso, ao minar a prudência e a humildade. Um velho ditado chinês lembra que "a arrogância vem antes da queda". Se você analisar os exemplos a seguir verá que este ingrediente está quase sempre presente, seja pelo excesso de autoconfiança, seja pela falta de humildade, seja pela ausência de caráter.

Por mais sucesso que você possa ter alcançado, e por mais importante que você seja, um único comportamento "suicida" é mais do que suficiente para acabar com uma carreira construída com muito esforço e sacrifício durante décadas. Por isso, não dê bobeira. **Ande na "linha"**.

Dica 45

Jamais minta

A mentira nunca vive o suficiente para envelhecer.
Sócrates (469-399 a.C.)

Você realmente é fluente em inglês, conforme citou em seu currículo? Você realmente concluiu aquele mestrado que mencionou? Veja o exemplo abaixo e jamais coloque algo em seu currículo que não seja passível de comprovação.

Talvez você nunca tenha ouvido falar de Scott Thompson, mas ele é o exemplo do sujeito que chegou ao topo da carreira. Em janeiro de 2012 Thompson assumiu o posto de CEO do Yahoo!, após ter recebido um inesperado convite do presidente do conselho de administração da empresa. Mas, para sua infelicidade, três meses depois, a descoberta de uma informação inverídica em seu currículo comprometeu sua permanência na empresa. Tão logo soube da mentira, o mesmo sujeito que o havia contratado, poucos meses antes, pediu sua cabeça e ele foi — sumariamente — demitido. A mentira de Thompson: ter colocado em seu currículo uma formação em ciências da computação, curso que nunca realizou...

Em muitos casos as empresas não checam as informações de seus contratados, mas, eventualmente, uma mentira pode vir à tona e a situação do profissional fica insustentável. Por isso, jamais enverede pelo caminho da mentira para subir na carreira, pois o tombo será grande.

Dica 46

Não discuta

A única forma de vencer uma discussão é evitá-la.
Dale Carnegie (1888-1955)

O roteiro é velho conhecido: começa com uma discussão. Depois eleva-se o tom de voz, dedos ficam em riste, na sequência seguem-se ofensas, ameaças e, finalmente, a agressão física! Quem já não viu este filme antes?

Com certeza você nunca ouviu falar do ex-piloto belga de Fórmula 1 Bertrand Gachot. Pois foi por conta de uma discussão de trânsito em Londres, em dezembro de 1990, entre ele e um taxista, que o heptacampeão Michael Schumacher fez sua estreia na Fórmula 1, no GP da Bélgica de 1991 (vencido por Senna).

Bertrand Gachot, na época, era piloto da Jordan e foi preso justamente na semana em que acontecia o grande prêmio da Bélgica da temporada de 1991. Por conta daquela discussão em Londres, que acabou em briga, Gachot foi enviado a uma prisão de segurança máxima na Inglaterra e ficou afastado das competições por quase dois anos. Após outros dois longos anos ele retornou às competições, sem resultados significativos, abandonando as pistas em 1995.

Mesmo que você tenha razão, seja inteligente e não discuta! Diz o ditado que quando a ignorância senta-se à mesa, a educação se retira.

Dica 47

Cuidado com a imprudência

A grande coragem, para mim, é a prudência.
Eurípides (480-406 a.C.)

Quando estamos desempenhando nosso lado profissional, o que as pessoas esperam é que façamos o nosso trabalho com perfeição, responsabilidade, segurança e prudência. Seja um médico, um arquiteto, um engenheiro, um motorista de ônibus ou um comandante de navio, todos deveriam, em tese, seguir esta premissa.

O capitão Francesco Schettino, 52 anos, comandante do belíssimo navio de cruzeiro *Costa Concordia*, com suas incríveis 112 mil toneladas, 17 pontes e capacidade para transportar confortavelmente 3.780 passageiros, quis fazer uma homenagem a um colega aposentado que mora na pequena ilha de Giglio, na costa da Itália, na noite de 13 de janeiro de 2012. Até aí, nada de mais.

Mas sua intenção ultrapassou os limites da prudência e, ao conduzir o imenso navio próximo demais da costa, ele acabou se chocando com uma grande pedra submersa. O navio começou a fazer água e o capitão Schettino não teve alternativa a não ser iniciar o procedimento de evacuação de todos os passageiros e tripulantes. Infelizmente 32 passageiros não conseguiram abandonar o navio e faleceram.

Schettino foi direto para uma prisão domiciliar, perdeu o emprego e o prestígio.

Dica 48

Não seja ganancioso

A ganância é uma cova sem fundo, que esvazia a pessoa em um esforço infinito para satisfazer a necessidade, sem nunca alcançar a satisfação.

Erich Fromm (1900-80)

Será que existe algum limite para uma pessoa amealhar riqueza? Pelo entender do famoso psicanalista e filósofo alemão Erich Fromm, não.

Em maio de 2011, então com uma fortuna estimada em 30 bilhões de dólares, o empresário Eike Batista afirmou que seria o homem mais rico do mundo, logo depois de ter conquistado a sétima posição do ranking das pessoas mais ricas do mundo. Pelo visto, o sétimo lugar não era suficiente para ele. Querer ganhar sempre mais pode ser perigoso para a sua carreira. Veja o caso abaixo.

Imagine você, um executivo de apenas 28 anos, morando num apartamento de luxo na bela e moderníssima cidade-Estado de Cingapura, com um salário nababesco, dois carros na garagem (um esportivo, é claro), trabalhando para o banco mais antigo do Reino Unido, fundado em 1763. Legal, não?

Pois é, mas Nick Leeson deixou-se embriagar pelo excesso de poder (seu trabalho não era supervisionado) e de autoconfiança (tinha ganhado um bônus de 130 mil libras) e arriscou alto demais no mercado de derivativos. Infelizmente sua aposta não deu certo e o prejuízo causado foi tão grande — 600 milhões de libras — que acabou levando o famoso e tradicional Barings Bank ao fechamento em 1995. Leeson saiu de seu apartamento de luxo para cumprir uma pena de seis anos em uma cela de prisão.

Ganhar dinheiro é gostoso, não há como negar. Mas deve haver um limite, senão o ganhar dinheiro pode virar uma obsessão.

Dica 49

Não seja preconceituoso

É mais fácil quebrar um átomo do que um preconceito.
Albert Einstein (1879-1955)

Já faz algum tempo que o preconceito — de cor, de raça, quanto à preferência sexual, quanto à maneira de se vestir, de religião etc. — está fora de moda. Inclusive alguns deles são punidos por lei em diversos países.

Apesar disso, e em pleno século XXI, muitas pessoas se atêm a comportamentos de natureza extremamente preconceituosa. Tal tipo de comportamento é inaceitável, tanto socialmente quanto profissionalmente e até mesmo no meio esportivo! Veja o que aconteceu com o sonho de uma jovem atleta grega, de 23 anos, que pretendia representar seu país nas Olimpíadas de Londres de 2012.

Participar de uma olimpíada, o maior evento esportivo do planeta, é o sonho de qualquer atleta. É o resultado de anos de treinamento e dedicação intensa. Mas este sonho foi por água abaixo para a jovem saltadora grega Paraskevi Papachristou, por conta de um infeliz comentário de cunho racista divulgado por ela em seu twitter. O comentário ganhou repercussão na mídia internacional e a situação da jovem atleta ficou complicada.

O chefe da delegação grega Isidoros Kouvelos disse à televisão que ela não poderia mais estar na equipe, por ter violado os valores olímpicos. A atleta até chegou a pedir desculpas, mas o estrago já estava feito.

Dica 50

Não seja totalmente sincero

A sinceridade e a generosidade, se não forem temperadas com moderação, conduzem, infalivelmente, à ruína.

Tácito (55-120)

Quando te perguntarem como você vai, se não estiver em um bom momento, por favor, não diga a verdade. Ninguém, além do seu melhor amigo ou terapeuta, quer saber de seus problemas financeiros, familiares, profissionais ou pessoais. Simplesmente diga que está bem. Isso vale também para quando lhe perguntarem em quem você votou. O gaúcho Nelson Jobim que o diga.

O ex-ministro da Defesa do governo Dilma disse em uma entrevista que tinha votado em José Serra na eleição para presidente em 2010, justamente o adversário de Dilma na época. Somado a outros comentários por demais sinceros, Jobim viu-se obrigado a entregar sua carta de demissão em 4 de agosto de 2011.

Evite, também, dar opiniões taxativas, do tipo: "Sou totalmente contra!", "Odeio!", "Detesto!" etc.

Se lhe perguntarem o que você acha de música sertaneja, por exemplo, mesmo que você não goste nem um pouco, diga apenas que prefere outro gênero musical. Imagine que seu chefe gosta demais de música sertaneja e você, ingenuamente, afirma: "eu odeio música sertaneja..." Convenhamos: não é uma boa política.

O famoso escritor irlandês Oscar Wilde (1854-1900) estava corretíssimo quando disse: "um pouco de sinceridade é perigoso, mas muita sinceridade é terrivelmente fatal."

Dica 51

Não traia

Fiquei magoado, não por teres mentido, mas por não poder voltar a acreditar-te.

Friedrich Nietzsche (1844-1900)

O mais grave da traição, além do aspecto moral, é que tudo que alguém tenha feito (e está fazendo) para criar a imagem de uma pessoa confiável vai por água abaixo assim que a traição é descoberta.

Pular a cerca, definitivamente, não é uma boa ideia. O ex-presidente do FMI e na época provável candidato para concorrer à vaga de Nicolas Sarkozy na eleição para presidente da França em maio de 2012 que o diga!

O francês Dominique Strauss não pensou duas vezes e manteve uma relação sexual com a camareira do hotel em que estava hospedado, em Nova York, em maio de 2011. Poucos dias depois Dominique acabou sendo preso acusado de abuso sexual e tentativa de estupro. Logo em seguida ele renunciou à presidência do FMI e sua possível candidatura à presidência da França foi automaticamente descartada.

Mesmo tendo sido posteriormente inocentado das acusações, o futuro político de Strauss acabou, bem como seu casamento.

Dica 52

Deixe de lado as gracinhas

Conquistar o posto de comandante de linha aérea internacional é o sonho de qualquer piloto. Ótimos salários, viagens para lugares famosos e o prazer de pilotar grandes aviões. Mas tudo isso virou passado para o comandante Dale Hersh, da American Airlines.

Em janeiro de 2004, logo após desembarcar no aeroporto internacional de Guarulhos, Dale Hersh foi preso por desacato à autoridade. Motivo: quis fazer uma gracinha com o policial federal ao mostrar o dedo médio no momento em que era fotografado para o controle de entrada no país. Após o constrangimento causado ao seu empregador, o comandante Dale Hersh foi demitido assim que retornou aos Estados Unidos.

Outro exemplo de gracinha que acabou mal: em março de 2006, a ex-deputada Angela Guadagnin comemorou a absolvição do colega João Magno dançando no plenário da Câmara dos Deputados. A dança foi amplamente divulgada na mídia e ficou nacionalmente conhecida como a "dança da pizza". Por conta dessa gracinha da excelentíssima deputada, a mesma concorreu à reeleição no mesmo ano e... "dançou".

Sendo você uma pessoa de sucesso, evite comentários, atitudes ou gestos de cunho irônico, sarcástico ou de deboche, pois isso pode ser fatal para sua carreira.

SÉTIMA ETAPA

"Vitamine" seu currículo

Engraçado, costumam dizer que tenho sorte. Só sei que quanto mais eu me preparo, mais sorte eu tenho.
Anthony Robbins

Se você está fazendo a "lição de casa", imaginamos que já saiba aonde quer chegar, esteja com sua saúde física, mental e espiritual perfeita, tenha caprichado no visual e esteja levando uma vida digna de admiração. Resumindo: a primeira impressão que as pessoas fazem de você é ótima! Mas e o conteúdo? Pois é, agora chegou a hora de se preocupar com o seu currículo, sua bagagem profissional, seus atributos e qualificações. Quanto mais vitaminado ele estiver, mais valor você terá no mercado e mais chances terá de conseguir uma boa colocação.

Analise estas comparações: um litro de leite desnatado longa vida da marca Batavo custa R$ 2,84. Já o longa vida desnatado da mesma marca, porém rico em cálcio, custa R$ 3,73* uma diferença de 31%. Um currículo vitaminado é exatamente como este exemplo: tem mais valor! E o que é melhor: o mercado está disposto a pagar mais por um currículo que tenha mais atributos.

---
*Conforme pesquisa feita no site do mercado Pão de Açúcar em 03/04/2013.

Outra vantagem de se ter um currículo vitaminado é que ele também é um fator que pesa na hora de uma empresa se decidir entre dois candidatos com perfis parecidos: aquele que tiver um diferencial em seu currículo, seja uma língua, uma especialização, uma experiência internacional, vai ter preferência na contratação.

Por isso, não pense duas vezes e invista continuamente em seu currículo.

Dica 53

Mantenha seu currículo atualizado e esteticamente impecável

Independente de você estar empregado ou procurando por uma colocação no mercado, mantenha seu currículo constantemente atualizado.

Se você está sem trabalho no momento, aproveite o tempo livre para fazer cursos ou uma especialização. Isso deve constar no seu currículo, mesmo que o curso esteja em andamento. E, se está empregado, é bem provável que você mude de função ou cargo ao longo de sua carreira. Essas mudanças devem constar no currículo, assim que ocorram.

Outro detalhe muito importante sobre um currículo é a sua estética! No máximo em duas páginas você deve descrever sua história de vida profissional de forma resumida. Utilize um papel sulfite branco, no formato A4, e não dobre o mesmo. Utilize uma impressora a laser para fazer as impressões. Rasuras ou correções com corretivos são inaceitáveis. Não coloque foto ou pretensão salarial, a não ser que seja solicitado.

No topo coloque apenas seus dados pessoais (nada de CPF e RG). Em seguida, coloque o objetivo, da forma mais clara possível. Depois vêm suas qualificações, formação, experiência e estágios.

Ao final, coloque a cidade e a data em que você elaborou o currículo. Não há necessidade de assinatura.

Dica 54

Busque uma formação acima da média

O homem superior atribui a culpa a si próprio; o homem comum, aos outros.

Confúcio (551-479 a.C.)

Procure, na medida do possível, ter uma formação acima da média do mercado. Se a média tem somente o ensino médio, tente obter um diploma do terceiro grau. Se a média tem nível superior, esforce-se ao máximo para ter uma especialização. Se a média também tem uma pós, tente um MBA. Se a média já tem um MBA, vá atrás de um mestrado.

Além do diferencial em seu currículo, você provavelmente vai ganhar mais se tiver uma formação mais sólida. Conforme pesquisa do Centro de Políticas Sociais, vinculado ao Instituto Brasileiro de Economia da Fundação Getúlio Vargas, o salário de um profissional pós-graduado é 42% maior em relação ao mercado.

Além de ter uma formação acima da média e independente da área onde vá atuar, você deve dominar três "línguas" fundamentais para ter sucesso: **um idioma estrangeiro, o marketing pessoal e a informática.**

O idioma estrangeiro porque trabalhamos em um mercado globalizado; o marketing pessoal para você valorizar e divulgar sua "marca" no mercado; finalmente, a informática, porque não há absolutamente mais nada neste mundo que não esteja ligado a um computador.

Curiosidade: aproximadamente sete milhões de brasileiros estão fazendo uma graduação neste exato momento. Ou seja: ter um diploma de ensino superior já não é um diferencial em seu currículo. Por isso é tão importante "vitaminá-lo" com alguns diferenciais.

Dica 55

Domine dois idiomas, no mínimo

Quando dizemos dois idiomas, estamos incluindo aí nosso tão amado e maltratado português. Antes de fazer um curso de inglês ou outro idioma, o que é uma ótima decisão, você deve dominar nosso idioma oficial. Tampouco adianta falar mais ou menos uma língua estrangeira; você deve falar bem. Mesmo porque, se tentar uma bolsa de estudos para estudar fora, você vai ter que fazer um teste de proficiência do idioma do país onde vai estudar.

Ter um segundo idioma no currículo, além de ser um grande diferencial, significa, também, dinheiro a mais no seu bolso no fim de cada mês. Uma pesquisa da Catho divulgada em 2010 revelou que profissionais que falam o inglês e o espanhol recebem até 22% a mais que os demais.

Atualmente, quando a tecnologia torna o mundo cada vez menor e mais globalizado, permitindo a comunicação instantânea e a realização de negócios em qualquer canto do planeta, falar apenas o português é fechar as portas para muitas oportunidades. No mínimo você deve dominar o inglês ou o espanhol (terceiro e quarto idiomas mais falados no mundo).

Curiosidade: conforme levantamento do Indicador de Alfabetismo Funcional (Inaf) de 2011/2012, 30% dos estudantes do terceiro grau não conseguem dominar um texto longo e complexo.

Dica 56

Tenha conhecimentos básicos de informática

Navegar na internet não significa que você tem conhecimentos básicos de informática... Longe disso.

O que você deve e precisa saber é como utilizar o Word e seus recursos para fazer um texto esteticamente bonito, que seja de fácil leitura; o Excel, para fazer uma planilha financeira que utilize fórmulas matemáticas; finalmente, o PowerPoint, que lhe permite fazer uma boa apresentação para vender uma ideia e o auxilia ao dar uma palestra.

Independente da área em que você atua ou pretende atuar, conhecer bem os recursos deste trio — Word + Excel + PowerPoint — é fundamental, pois você vai precisar escrever textos, terá que criar planilhas e fazer apresentações para terceiros, seja em uma reunião de trabalho, em uma sala de aula ou em um congresso.

Se você não tem tempo para frequentar um curso de informática, existem inúmeros livros que ensinam a utilizar os recursos destes programas. Infelizmente, o que ocorre com a maior parte dos usuários de computadores é que eles utilizam seu computador como se fosse um Uno Mille, quando na verdade têm uma Ferrari em suas mãos

Dica 57

Use o trabalho de faculdade para conseguir seu primeiro emprego

Muitos estudantes não imaginam que o famoso Trabalho de Conclusão de Curso possa ser utilizado para abrir as portas para seu primeiro emprego.

Pois é, temos um comandante amigo nosso que conseguiu seu primeiro emprego logo após se formar em razão do excelente trabalho que fez para a conclusão de seu curso em Ciências Aeronáuticas.

Ele fez um extenso e bem-elaborado trabalho sobre a abertura de uma empresa de táxi aéreo. Um de seus professores, que teve acesso ao trabalho, conhecia um empresário que queria — justamente — abrir uma empresa de táxi aéreo! Uniu a fome com a vontade de comer... Nosso amigo foi imediatamente contratado para trabalhar em uma empresa que estava nascendo do zero com a ajuda de seu trabalho.

Outro caso é de um estudante que fez um trabalho na área de importação de máquinas. Um empresário que estava montando uma fábrica ficou sabendo do trabalho e convidou este estudante para cuidar de todo o processo de importação das máquinas para a nova fábrica.

Assim sendo, não faça seu TCC apenas para obter o diploma: faça-o para ser útil para o mercado.

Dica 58

Use o estágio como um trampolim para seu primeiro emprego

Não veja o estágio apenas como uma formalidade para obtenção de sua graduação. O estágio é uma excelente porta de entrada para o mercado de trabalho. É uma maneira de integrar o jovem ao mercado de trabalho de forma natural e sem a pressão por resultados. É no estágio que o estudante começa a desenvolver suas habilidades e competências. É nessa fase que o futuro profissional tem seu primeiro contato com a realidade do mundo corporativo, às vezes um pouco diferente daquela apresentada em uma sala de aula.

Muitos grandes executivos começaram suas carreiras como estagiários. Além disso, é uma ótima oportunidade para você colocar em prática tudo o que está aprendendo em sala de aula.

Não escolha um estágio pela remuneração oferecida. Aliás, isso nem deveria ser perguntado pelo estudante, uma vez que o que ele irá aprender não tem preço! A escolha deve se basear na oportunidade de aprendizado prático, ou seja: atuar efetivamente na função para a qual o estudante está se preparando.

Se possível, procure estagiar numa empresa conhecida, pois será um diferencial no currículo de um recém-formado em sua busca por um "lugar ao sol" no concorrido mercado de trabalho.

Outro benefício do estágio é a rede de contatos profissionais que o estudante irá criar antes mesmo de se formar. Isso será de grande utilidade para futuras indicações, pois uma indicação é mais valiosa do que o currículo em si.

Dica 59

Estude no exterior

Seja para fazer um curso intensivo de inglês durante suas férias ou para fazer um douturado, estudar fora traz uma série de benefícios, dentre os quais destacamos:

1. **Diferencial em seu currículo.** Nem todo mundo pode se dar ao luxo de estudar fora do país, seja porque não pode largar o emprego ou porque não consegue uma bolsa de estudos.
2. **Fluência no idioma estrangeiro.** A única maneira de ficar fluente num idioma, falando como um nativo, é morando fora, lendo, ouvindo e falando a língua estrangeira 24 horas por dia.
3. **Aprendizado de novas culturas.** Só quem já morou fora sabe quão rico é o aprendizado de uma cultura bem diferente da nossa.
4. **Rede de contatos.** Além da rede de contatos que a pessoa já possui no Brasil, ela terá, também, uma rede de contatos internacional, o que poderá ser bastante útil em sua vida profissional.

Curiosidade: em 2012, segundo a Capes, 22.046 estudantes brasileiros estavam fazendo graduação, mestrado, doutorado ou pós-doutorado no exterior com auxílio de bolsas de estudo do governo brasileiro.

Dica 60

Continue aprendendo

Cada dia ensina algo ao dia seguinte.
Ditado alsaciano

Formação alguma, seja ela um ensino médio, uma faculdade, um mestrado ou mesmo um doutorado, serve para a vida toda. Muito do que aprendemos no passado foi revisado e alterado em função de novas descobertas da ciência e da história.

Reciclagem deve fazer parte de sua rotina de vida. É um suicídio profissional deixar de aprender, pois novos conceitos surgem a toda hora e velhos paradigmas são constantemente colocados à prova.

Na aviação, por exemplo, se não fizéssemos cursos regulares de reciclagem ainda estaríamos utilizando a velha e conhecida bússola, aquela mesma que os grandes navegadores utilizavam para cruzar os oceanos. Atualmente toda a navegação aérea e marítima é feita pelo preciso, confiável e barato sistema de navegação via satélite.

Já na oftalmologia, as cirurgias de correção de miopia ainda estariam sendo feitas pelo velho e bom bisturi, em vez do preciso, confiável, rápido e indolor sistema a laser.

Enfim, em todas as áreas do conhecimento humano há uma constante inovação. Deixar de acompanhá-las é um grande risco à sua carreira que você, simplesmente, não pode correr. Por isso, continue aprendendo.

Dica 61

Leia muito

Um país se faz com homens e livros.
Monteiro Lobato (1882-1948)

Ler é aprender, evoluir, melhorar, ampliar os horizontes, arejar os pensamentos, viajar sem sair de casa. Já viver sem ler é como parar no tempo, ficar alienado, excluído.

A velocidade com que a informação é produzida e distribuída — seja por meio físico ou eletrônico — não tem paralelo na história. Uma semana sem a leitura de um jornal, revista ou site de notícias já é mais do que suficiente para deixá-lo desatualizado.

E para manter-se atualizado você deve ler, no mínimo, um grande jornal de circulação nacional e outro da sua cidade, uma revista semanal e outra específica para sua área de atividade, e, no mínimo, um livro por mês. Se dispuser de um pouco mais de tempo em sua agenda, não seria má ideia ler também uma revista publicada em outro idioma.

Outro importante benefício da leitura é a captação de novas ideias. Quando menos se espera, ao ler sobre determinado assunto, podem surgir inspirações que irão mudar completamente sua vida profissional. E, com mais informação, você terá mais assuntos sobre o que conversar, além de defender melhor seus pontos de vista e opiniões.

OITAVA ETAPA

Valorize sua "marca"

De nada vale tentar ajudar aqueles que não ajudam a si mesmos.

Confúcio (551-479 a.C.)

Se você fosse uma marca de caneta, acha que sua marca estaria mais para uma BIC ou para uma Mont Blanc? As duas realizam exatamente a mesma função, mas a primeira custa um real e a segunda, oitocentos. Caramba, quanta diferença!

Pois é, profissionais com formação e competências idênticas podem cobrar valores completamente diferentes para executar um mesmo trabalho. Esse fato ocorre em todas as áreas do conhecimento humano e em qualquer canto do mundo. Se sua marca for uma BIC da vida, você vai receber o equivalente ao preço de uma BIC. Já se sua marca for uma sofisticada e internacionalmente conceituada Mont Blanc, você vai receber pelo valor de uma Mont Blanc. Percebe por que é tão importante investir na criação de uma marca que agregue valor ao produto? Então, você faz ideia de qual é o real valor da sua "marca"?

Mesmo que você tenha feito tudo certo até agora — investiu na sua **saúde** (produto), no seu **visual** (embalagem), no seu **currículo** (conteúdo), e tornou sua "marca" admirada —, o reconhecimento de sua competência não virá de um dia para o outro. Ele virá, pode ter certeza disso, mas não antes de sua "marca" virar grife no mercado. Você vai precisar de muita persistência para tornar sua "marca" uma referência em sua área de atuação. Em média um profissional leva dez anos para ficar conhecido no mercado. Mas, pensando bem, até que dez anos não é muito tempo para uma carreira.

As dicas deste capítulo vão ajudá-lo a valorizar sua "marca" no mercado, pois não basta ter habilidades, competências e diferenciais em seu currículo se você não as valorizar. De que vale ter um mestrado, ser fluente em um idioma estrangeiro e ganhar um salário equivalente ao de um profissional que só tem o segundo grau e que não fala nada além do português, por exemplo? Se você é uma Mont Blanc em sua área, então trate sua "marca" como tal.

Só depende de você trabalhar a valorização de sua "marca" no mercado, sempre de uma forma sutil, elegante e profissional.

Dica 62

Aprenda a conversar

Pela habilidade para lidar com as pessoas pagarei mais do que qualquer outra habilidade imaginável.
John Davison Rockefeller (1839-1937)

Para criar uma boa e ampla rede de relacionamentos e ter acesso a oportunidades que só os que fazem parte dessa rede conseguem, você vai precisar ser bom de papo. Se não é o seu caso, não fique desanimado: pode-se aprender a arte de conversar, acredite! Se você é do tipo que não conversa com estranhos no elevador, no ônibus, no avião, em uma sala de espera, trate de mudar seu comportamento, pois aquela pessoa ao seu lado pode se tornar um importante contato e uma porta para uma oportunidade.

Algumas regras vão ajudá-lo a iniciar e manter uma conversa com estranhos.

- **Não fique de braços cruzados** e com a cara fechada. Desta forma, ninguém vai querer conversar com você;
- **Sorria, olhe nos olhos** das pessoas e **fale algo agradável** sobre o tempo, por exemplo;

- Depois procure engatar uma conversa sobre **assuntos amenos**, como família, trabalho, viagens, carros, esportes, cidades, livros, filmes etc. Não entre em temas delicados como sexo, política e religião.
- Antes de se despedir, aproveite e **troque cartões de visita** para aumentar sua rede de relacionamento.

Se você quiser saber mais sobre a arte de conversar, existem vários bons livros no mercado que tratam especificamente desse assunto.

Dica 63

Impressione de cara

Você não terá uma segunda chance para causar uma boa primeira impressão.

Ditado popular

Não perca uma única oportunidade sequer de causar uma boa primeira impressão em um primeiro contato.

Tanto faz se é uma entrevista de emprego, uma reunião informal fora do trabalho, uma reunião de trabalho ou um encontro com alguém que você não conhece. É muito provável que você não tenha uma segunda chance de reverter uma má impressão causada.

Por isso, trate de ser pontual, vista-se adequadamente, controle a ansiedade e o tom de voz, tome cuidado com os gestos e a postura e, principalmente, com o que você vai falar. Um pequeno deslize num desses itens pode fechar para sempre uma porta.

Mesmo com aquelas pessoas as quais você julgou mal num primeiro momento, não deixe de se esforçar para causar uma boa primeira impressão. Muitas vezes um simples e rápido contato, com uma pessoa que você erroneamente julgou mal, poderia ter lhe rendido boas oportunidades ou aberto portas. Por isso, jamais prejulgue seus interlocutores ou suas ofertas em um primeiro momento.

Dica 64

Prefira o contato pessoal

Sem dúvida, o invento do italiano Antonio Meucci (1808-89) foi um dos que mais benefícios trouxe para a comunicação fácil e rápida entre as pessoas. Entretanto, se você tem condições de falar pessoalmente com alguém em vez de usar o cômodo e prático telefone, não deixe de fazê-lo. Nada substitui o contato pessoal, o olho no olho, o aperto de mão.

Tenha plena convicção de que uma solicitação feita pessoalmente, na qual você pode expor com calma e emoção uma ideia ou pedido, tem muito mais chances de ser atendida do que um pedido feito por telefone.

Evite também dar notícias ruins pelo telefone. Procure o interessado pessoalmente para transmitir a má notícia e confortá-lo em seguida.

E, se você for chefe, jamais demita um colaborador pelo telefone. Além de deselegante, é de uma tremenda falta de profissionalismo e consideração.

Curiosidade: devido a dificuldades financeiras, Meucci acabou vendendo o protótipo do telefone a Alexander Graham Bell, que, em 1876, patenteou a invenção como sendo sua. Meucci o processou, mas acabou falecendo durante o julgamento e o caso foi encerrado. Assim, Graham Bell foi considerado durante muitos anos o inventor do telefone.

Dica 65

Seu valor é único

O homem vale tanto quanto o valor que dá a si próprio.
François Rabelais (1494-1553)

    Não importa se mais pessoas façam exatamente o mesmo trabalho que você, pois isso sempre vai acontecer. Em qualquer grande cidade, existem milhares de advogados, médicos, engenheiros, arquitetos, administradores, pilotos de avião, pintores, dentistas etc. Não se sinta desvalorizado por causa deste excesso de gente com a mesma competência e formação que a sua, pois trabalhos que levam a sua assinatura só você pode fazer.

    Ninguém pode fazer um trabalho em seu nome, por isso seu valor é único. Afinal, sua "marca" é sinônimo de grife em sua área de atuação.

    Em uma galeria de arte você encontra vários quadros de bons artistas, mas somente um deles é um legítimo Picasso. Seu valor é único e quem quiser ter o privilégio de tê-lo em casa vai ter que pagar por esta exclusividade, por mais alto que seja este valor.

    Da mesma forma, se alguém quer ter um trabalho assinado por você, vai ter que pagar por esse privilégio, pois seu valor é único.

Dica 66

Não trabalhe de graça

Não me peça de graça o que é meu ganha-pão.
Raul Candeloro

Fazer um favor ou uma boa ação é uma coisa. Trabalhar de graça é completamente diferente.

Só você sabe o quanto lhe custou, tanto em termos financeiros como de tempo, dedicação e esforço, todo o aprendizado para desenvolver suas habilidades e competências. E isso tem um enorme valor! Você não pode simplesmente usar suas habilidades e conhecimentos sem a devida contrapartida financeira.

Não exerça sua profissão de graça. Ela deve ser remunerada. E muito bem! Ademais, ninguém valoriza um trabalho feito de graça.

"Tudo bem", dirá você. "Mas e um trabalho para meu pai, irmão ou um grande amigo?" Ok! Excepcionalmente, nestes casos, abra uma exceção. Diga que o fará como um presente, porque você tem um valor que não pode ser negociado e, por causa do vínculo de parentesco ou amizade, você não cobrará nada (desta vez!).

Dica 67

Cobre à altura de sua competência

Como você é um profissional altamente treinado e qualificado, deve ser remunerado à altura de sua formação. Ou seja: se você é uma Mont Blanc em sua área, muito cuidado para não cair na vala comum dos preços baixos. Muitas vezes o que lhe oferecem é tão aquém do valor justo que não vale a pena aceitar um determinado trabalho.

Custa muito para se fazer um excelente trabalho e ainda assegurar a satisfação de seu contratante. Por isso ele deve ser adequadamente remunerado.

Produtos e serviços de qualidade que também possam ser utilizados como propaganda de sua competência não são e nem podem ser baratos, pois resultam da excelência e de comprovada experiência na área.

Além do mais, como sua "marca" já é uma grife no mercado, as pessoas estarão dispostas a pagar mais para ter a sua assinatura nos trabalhos.

Dica 68

Cuidado com a dicção

Não adianta ter uma boa ideia se você não for capaz de vendê-la. Um bom argumento associado a uma boa oratória são fundamentais para se vender um conceito ou para fazer uma boa apresentação. Problemas relacionados à fala podem afetar profundamente o poder de argumentação de uma pessoa e até mesmo o convívio social e seu sucesso profissional. Se você tem algum problema de dicção, procure imediatamente um bom fonoaudiólogo para não comprometer sua carreira.

Mesmo que você não tenha problemas de fala, sugerimos que faça um curso de oratória para aperfeiçoar a nobre arte de falar bem. Você nunca sabe quando será convidado a proferir algumas palavras em público.

A combinação de uma postura elegante com uma oratória perfeita é garantia para impressionar e conquistar sua plateia. Por isso, atente sempre para ambos.

Curiosidade: Demóstenes (384-322 a.C.) conseguiu vencer uma terrível gagueira declamando poemas enquanto corria na praia, fazendo força para falar com seixos na boca. Com sua perseverança e muito treinamento, Demóstenes venceu a gagueira e se tornou um dos maiores oradores gregos da história.

Dica 69

Use sempre a primeira pessoa do plural para falar

Ganhar um Nobel é um esforço coletivo.
Brian Schmidt

Quando você vencer, não diga "eu venci"! Diga sempre "nós vencemos". Mesmo que você seja um atleta de uma modalidade individual, você só conseguiu vencer porque foi auxiliado por um treinador, um preparador físico, um nutricionista, e quem sabe também um psicólogo.

Quando você fizer uma grande venda, não diga "eu fechei uma grande venda". Diga "nós fechamos…", uma vez que você só conseguiu vender porque dispunha de bons produtos, bons preços, uma equipe que fabricou o produto, transportou, armazenou, catalogou, contabilizou etc.

O vencedor do Nobel de Física de 2011, Brian Schmidt, foi bastante honesto ao afirmar que só se ganha um Nobel a partir do **esforço coletivo**. Ou seja, não é uma pessoa que ganha um Nobel, mas todas as pessoas que, direta ou indiretamente, tornaram possível a conquista.

Veja, por exemplo, o que disse José Roberto Tambasco, diretor do Grupo Pão de Açúcar, em uma entrevista publicada no jornal *O Estado de São Paulo*, em 10 de março de 2013, sobre a ida do hipermercado para cidades menores: "Cinco anos atrás, se você me perguntasse se eu iria para Paulínia, eu diria que era uma cidade muito pequena. Hoje eu já estou lá." Lendo assim, entendemos que o próprio José Roberto é que foi vender produtos em Paulínia e não o hipermercado Pão de Açúcar. Você não acha que um "hoje nós já estamos lá" ficaria mais elegante e profissional?

Curiosidade: em um discurso proferido em 15 de janeiro de 2011, Hugo Chaves (1954-2013) usou nada menos do que 489 vezes a palavra "eu"...

Dica 70

Se prometer, cumpra!

Quem mais demora a fazer uma promessa é quem a cumpre mais rigorosamente.

Jean-Jacques Rousseau (1712-78)

Evite ao máximo fazer promessas, pois promessas são como dívidas: enquanto não honrar com a sua palavra, você ficará "eternamente" devendo, seja à pessoa a quem empenhou a sua palavra, seja a si mesmo.

Entretanto, se prometer qualquer coisa, cumpra à risca o prometido. Se você prometeu trazer um tablet da Apple para um amigo, não traga de outra marca. Se você prometeu para seu afilhado trazer uma rocha lunar em sua próxima viagem, então trate de trazer. Se você prometeu um emprego a um conhecido, não fique na promessa. Se você prometeu um carro para seu filho caso ele passasse no vestibular, cumpra. Não importa o que você tenha prometido, pois sua palavra é lei, não é?

O problema de fazer uma promessa e não cumpri-la à risca é que você cairá em descrédito para sempre. E se outras pessoas também ficarem sabendo, pior ainda, pois dificilmente alguém o levará a sério, mesmo quando você estiver falando a verdade.

Dica 71

Aprenda a dizer não!

O destino é uma questão de escolha.
Augusto Cury

Se um amigo lhe pedisse para trazer cinco tablets em sua próxima viagem aos EUA, você diria "sem problemas"? Se seu chefe lhe pedisse para cancelar uma viagem em família, que você programou com bastante antecedência, para participar do desenvolvimento de um novo produto, você diria "claro, já estou indo"? Se um conhecido lhe pedisse para testemunhar a seu favor no julgamento de um acidente de trânsito, mesmo que você não tenha visto nada, você diria "pode contar comigo"?

Muito cuidado antes de responder positivamente a tudo o que lhe pedem, pois na tentativa de agradar ou com medo de represálias, você pode acabar fazendo algo errado ou até mesmo criminoso e se envolver em sérios problemas. Não tenha medo ou receio de dizer "não" a qualquer tipo de pedido que possa, eventualmente, lhe causar problemas. Sua reputação e imagem valem muito mais do que a vontade de ser gentil e ajudar alguém.

Certa vez, a famosa e talentosa atriz Marília Pêra recusou um convite para um importante projeto e uma jovem atriz disse: "Lógico que você pode dizer não, afinal você é a Marília Pêra." Veja só que grande ensinamento foi a resposta da atriz: "É exatamente o contrário: **eu só sou a Marília Pêra porque aprendi a dizer não.**"

Dica 72

Não seja modesto

Nas pessoas de capacidade limitada, a modéstia não passa de mera honestidade, mas em quem possui grande talento, é hipocrisia.

Arthur Schopenhauer (1788-1860)

Se você é bom em algo, admita! Não fique dizendo que vai tentar fazer ou se vai ver se dá para fazer. Se você é competente em determinado assunto, você não vai tentar resolver um problema ou uma tarefa: você irá, de fato, cumprir a missão! Mesmo porque, não estando convicto de suas capacidades, você não será suficientemente convincente.

Quando estiver vendendo sua "marca", você não pode colocar em dúvida, por um instante sequer, sua capacidade de realizar a contento o que se propõe a fazer.

Você deve demonstrar confiança e segurança ao negociar suas habilidades e talentos, pois seu interlocutor quer estar convencido de que está contratando a pessoa certa. E somente você poderá convencê-lo disso. Por outro lado, é evidente que você não vai aceitar uma missão que esteja além de sua capacidade; isso não seria demonstração de convicção, mas de irresponsabilidade.

Dica 73

Faça da melhor forma possível

O prêmio por uma coisa bem-feita é tê-la feita.
Ralph Waldo Emerson (1803-82)

Apesar da eficiência ser uma bandeira da produtividade, teimamos por buscar soluções fáceis do tipo "quebra-galhos" em vez de soluções definitivas para determinada tarefa ou problema. Preferimos, talvez pelo péssimo legado da lei do menor esforço, buscar um paliativo, normalmente mais barato e rápido, a uma solução melhor e mais adequada, porém mais cara e trabalhosa...

Você já deve ter ouvido alguém comentar que, se quisesse resolver um problema de forma definitiva, teria que chamar Fulano de Tal. Então, nada melhor que associar sua "marca" a um "resolvedor" de problemas.

Seja até mesmo um chato por querer sempre fazer as coisas bem-feitas. Isso lhe dará uma imagem de profissional criterioso e perfeccionista.

Comenta-se que Henry Kissinger, o famoso ex-secretário de Estado dos Estados Unidos, era muito exigente com seus colaboradores. Certa vez, ao receber uma carta redigida por sua secretária, perguntou a ela se era o melhor que podia fazer. A secretária pensou por um instante e disse que não, que poderia fazer melhor. Então, sem ao menos ler a carta, ele lhe devolveu e pediu que a melhorasse.

Antes de entregar um trabalho, pergunte-se se era o melhor que você poderia fazer. Se a resposta for negativa, não pense duas vezes: refaça.

Dica 74

Sua satisfação ou seu dinheiro de volta

O que merece ser feito merece ser bem-feito.
Nicholas Poussin

Sendo você um profissional talentoso e competente em sua área, não há por que não garantir a satisfação total de seus clientes em relação a seus trabalhos, certo? Afinal de contas, além de ser um profissional qualificado e preparado, você sempre faz bem-feito logo na primeira vez, não é mesmo?

Por isso, caso seu cliente não tenha ficado plenamente satisfeito com seu trabalho, assegure a devolução do pagamento, caso o mesmo tenha sido efetuado, ou não cobre absolutamente nada. Sua reputação vale muito mais do que eventuais prejuízos que você possa ter.

Pode até acontecer, lá na frente, de seu cliente contratar outro profissional e se dar conta de que seu trabalho era melhor e voltar a procurá-lo. Se isso acontecer, trate seu cliente de forma profissional, sem mágoas ou ressentimentos.

Dica 75

Jamais abandone um trabalho pela metade

Não se pode ser bom pela metade.
Liev Tolstói (1828-1910)

Muitos profissionais, ansiosos por uma melhor colocação no mercado de trabalho, não têm o menor pudor em chegar para seus chefes e informar que não virão mais trabalhar no dia seguinte porque arrumaram um emprego melhor. Esse comportamento é totalmente inaceitável e não condiz com uma postura que se espera de alguém que se diga profissional. Jamais um profissional pode abandonar um trabalho sem terminar o que está em andamento e sem ter uma conversa franca e sincera com seu chefe, visando negociar um prazo para sair de forma a não causar prejuízo para os trabalhos em andamento.

Tivemos um caso, em uma empresa exportadora de Curitiba, no qual a encarregada pelo setor de exportação simplesmente ligou, em uma segunda-feira de manhã, para informar que não viria mais. Ocorre que havia uma carga na fronteira com a Argentina que precisava ser desembaraçada. Como as guias para pagamentos estavam na caixa postal dela, a mesma não chegou a ser paga, ocasionando multas e atrasos na liberação da mercadoria.

Por isso, seja um profissional exemplar e jamais abandone um trabalho sem o devido aviso prévio. Além de uma demonstração de profissionalismo, essa é uma forma de você sair de uma empresa deixando as portas sempre abertas, caso precise voltar.

Dica 76

Sempre dê boas gorjetas

Se você pode gastar 200 reais num jantar, não seja mesquinho e dê uma boa gorjeta para o garçom que o atendeu (caso já não esteja incluída na conta). Faça o mesmo para o manobrista ou para o sujeito que "cuidou" de seu carro.

Quando estiver viajando, não esqueça da gorjeta para o carregador de bagagem e para a moça do cafezinho no shopping. E quando pedir uma pizza para comer em casa, não se esqueça do entregador de pizza. Você vai perceber que essas pessoas a quem com frequência você dá uma pequena "contribuição" passarão a tratá-lo com deferência e alegria.

Há, ainda, um interessante e inusitado benefício indireto no hábito de dar boas gorjetas: salvar sua vida! Foi exatamente o que aconteceu com um famoso político paranaense, sequestrado em Curitiba há muitos anos. Ele só não foi morto por seus sequestradores porque um deles lembrou aos demais que ele costumava lhe dar boas gorjetas e que, por isso, deveria ser poupado!

Evite, também, andar sem trocados quando sair. Assim você vai evitar ter que dar aquela constrangedora desculpa: "não tenho trocado..."

Dica 77

Aprenda o nome de bons vinhos

No vinho está a verdade.

Plínio (23-79)

O Prêmio Nobel de Literatura e ex-primeiro-ministro britânico Winston Churchill (1874-1965) costumava dizer que não confiava em pessoas que nunca bebiam.

Muitos fechamentos de negócios, contratações de executivos e comemorações acontecem durante um bom e descontraído jantar regado a bons vinhos. Se, eventualmente, você vier a ser convidado para um desses jantares, pode acontecer de seu anfitrião convidá-lo para escolher o vinho.

Aproveite a deixa e mostre que "entende" de vinhos. Jamais diga que qualquer vinho serve, pois isso é quase uma ofensa aos apreciadores.

A dica é simples: decore o nome de alguns bons vinhos de diferentes nacionalidades, principalmente aqueles que são mais facilmente encontrados em restaurantes.

Ao sugerir o nome de um bom vinho você irá impressionar os convivas por dois motivos: primeiro, porque você "entende" de vinhos, e, segundo, porque você demonstrou segurança e aceitou a importante incumbência de escolher o vinho.

SE BEBER, NÃO DIRIJA.

Dica 78

Aprenda o nome dos principais rios, monumentos e capitais do mundo

A cultura está acima da diferença da condição social.
Confúcio (551-479 a.C.)

Imagine que você esteja participando do primeiro happy hour do ano com seus amigos, logo após o término das férias de fim de ano.

Um dos seus amigos comenta que achou **Istambul** encantadora, **Budapeste** charmosíssima e **Berna** linda. Outro diz que gostou muito de passear nos rios **Tâmisa**, **Sena** e **Amarelo**. Um terceiro diz que achou o **Taj Mahal** impressionante, a **Sagrada Família** uma grande obra de arte e o **Parthenon** uma aula de história.

Você saberia dizer a quais países seus amigos estão se referindo?

Pois é, talvez você não saiba todos e fique envergonhado de perguntar. Mas não é tão difícil guardar esses nomes, pois basta você fazer uma relação dos maiores, mais importantes e famosos rios, monumentos e capitais do mundo para ter na ponta da língua em quais países eles se situam. Além disso, procure sempre que possível ler sobre esses assuntos. Isso é particularmente importante quando você conversar com estrangeiros, para poder passar uma boa impressão sobre conhecimentos de geografia.

Se você quiser se aprofundar no assunto, também seria muito interessante saber onde se situam as mais altas montanhas do mundo, os estreitos mais famosos e os maiores lagos.

Dica 79

Seja organizado

Uma vida sem organização é um mar de caos sem fim.
Ulysses Matias

Fuja da secular tradição tupiniquim de deixar tudo para a última hora e seja organizado. Mostre que você sabe administrar seu tempo, antecipando-se aos infinitos prazos impostos pela nossa vida em sociedade.

Compre os ingressos para o teatro com antecedência. Reserve lugar nos restaurantes. Adquira os pacotes de suas viagens de férias meses antes da data da viagem. Entregue a famosa e temida declaração do imposto de renda muito antes do prazo fatal. Faça a inscrição para o vestibular semanas antes do último dia.

Enfim, fuja à regra. Seja organizado! Essas providências ajudam a tornar sua vida mais fácil e diminuem o estresse e ansiedade causados pelos prazos "fatais".

Além de prazos, outra área em que você deve ser organizado é a da "papelada" e documentos.

Arquive em pastas identificadas as contas de luz, água, telefone, condomínio, aluguel, faculdade, financiamento do carro, seguro etc. Guarde onde você possa localizar em menos de trinta segundos a carteira de identidade, o CPF, o cartão do plano de saúde, a carteira de habilitação, o cartão de crédito, a certidão de nascimento, o controle de vacinas e o passaporte. Procure também manter um visto sempre válido para viajar aos Estados Unidos, pois nunca se sabe quando você pode precisar viajar.

Além de guardar os documentos originais, mantenha também uma cópia autenticada de todos estes documentos. Tenha, ainda, um jogo de fotos 3×4 e 5×7 recentes.

Quando viajar, verifique a previsão do tempo do lugar aonde pretende ir para saber o que colocar na mala. Leve também caneta, lápis, clipes, cola, fita adesiva e corretivo para os eventuais erros, caso precise escrever à mão.

Finalmente, mantenha uma agenda de telefones (devidamente atualizada) de todos os seus contatos, pois você nunca sabe quando poderá precisar falar com determinada pessoa. E, para encerrar, não se esqueça de manter uma cópia desta agenda em uma agenda tradicional de papel.

Dica 80

Quando errar, admita

Os homens erram; os grandes homens confessam que erraram.

Voltaire (1694-1778)

Errar é humano. Todo mundo sabe disso. Mas, quando você errar, seja corajoso e admita que errou. Além do mais, como veremos na próxima dica, errar também é uma forma de aprendizado.

Certa vez, um recém-empossado presidente da poderosa IBM tomou uma decisão que ocasionou um prejuízo de 10 milhões de dólares. Ele imediatamente reconheceu que havia errado em sua decisão.

Na primeira reunião do conselho de administração após o fato, o conselho pediu a sua cabeça. Atento à situação, o presidente do conselho ponderou: "Agora que a empresa gastou 10 milhões de dólares para treiná-lo, vocês querem mandá-lo embora?" O conselho acabou concordando com esse argumento e o presidente da IBM foi mantido no cargo.

Só não caia na besteira de cometer o mesmo erro duas vezes! Aí ficará difícil perdoá-lo mais de uma vez pelo mesmo erro.

Dica 81

Aprenda com os erros: os seus e os dos outros

Toda empresa precisa ter gente que erra, não tem medo de errar e aprende com o erro.

Bill Gates

Certa feita, quando perguntaram a Thomas Alva Edison (1847-1931) o que ele sentiu ao fracassar 999 vezes antes de, finalmente, demonstrar, em 21 de outubro de 1879, sua lâmpada acender, ele respondeu: "Não fracassei em momento algum! Simplesmente descobri 999 maneiras pelas quais uma lâmpada não acende."

Assim como Edison, não veja seus erros como fracassos. Tome-os como lição valiosa do que não deu certo para se chegar a um determinado objetivo. Veja um erro como um valioso aprendizado!

Você também não precisa seguir trilhas que outros já demonstraram não levar a lugar algum. Não custa nada estudar o caminho já percorrido por empresas ou pessoas que fizeram algo igual ou parecido ao que você planeja fazer. Desta forma você economiza dois preciosos e escassos bens: tempo e dinheiro!

Dica 82

Aponte problemas, mas traga a solução também

Um problema é uma chance para você fazer o seu melhor.
Duke Ellington (1899-1974)

Nada mais fácil do que apontar problemas, pois eles estão por toda parte. O verdadeiro mérito reside em apresentar uma solução para o problema encontrado.

Já que você foi tão "esperto" em detectar um problema que muito provavelmente já era de conhecimento de outras pessoas, deve ser esperto também para sugerir uma possível solução.

Sendo assim, ao se deparar com contratempos, analise todas as opções de solução antes de levar ao conhecimento do responsável pelo assunto. Agindo dessa forma você conquistará simpatia e respeito por fazer o que raramente as pessoas fazem: ajudar em vez de simplesmente só reclamar.

Dica 83

Não dê respostas evasivas e opiniões sem conhecimento de causa

Não vá o sapateiro além dos sapatos.
Provérbio romano

Muito cuidado com convites para participar de eventos e entrevistas sem estar devidamente preparado e completamente a par do assunto. Numa simples e ingênua opinião que você dê ou comentário que faça, sem o devido conhecimento de causa, você corre o risco de passar uma impressão negativa a seu respeito. Nunca subestime a inteligência das pessoas. Seja sempre direto, objetivo e sincero: ou você sabe e não quer falar sobre determinado assunto ou não conhece bem o tema. Sendo sincero, você não terá sua credibilidade abalada.

Mesmo em reuniões fora do local de trabalho você deve ter em mente que as pessoas acreditam no que você fala, afinal você é um formador de opinião. Por isso, tenha sempre cautela para não se comprometer de graça. Muitas vezes existem pessoas da mídia em despretensiosas rodinhas de conversa que podem acabar publicando um comentário que você jamais faria em público.

Por isso, fale apenas sobre temas que você domine! Não "pise em ovos" e não entre em assuntos delicados como religião e política ou em temas dos quais você não entende. Fica muito mais elegante de sua parte indicar alguém que conheça melhor determinado assunto do que correr o risco de falar bobagens. Além disso, pessoas mal-intencionadas poderão utilizar sua opinião para tentar denegrir sua imagem.

Dica 84

Evite dar respostas na hora

A paciência é amarga, mas seu fruto é doce.
Jean-Jacques Rousseau (1712-78)

Como você está ficando conhecido e conceituado no mercado, muitas pessoas vão lhe telefonar ou enviar e-mails para fazer convites profissionais ou ofertas de emprego. Mesmo que a princípio sejam tentadoras, não responda nada na hora. Peça, educadamente, um tempo para pensar no assunto. Procure passar a impressão de que você tem outras propostas ou convites e que não está desesperado por uma tarefa ou emprego, por mais interessante que seja o convite ou a proposta.

Muitas propostas, num primeiro momento, podem parecer tentadoras. Mas, quando observadas com mais atenção e profundidade, mostram que não são tão interessantes quanto aparentavam ser. Soubemos de muitos casos na aviação de pilotos que largaram bons empregos para trabalhar em uma empresa que estava iniciando suas atividades, em vista da promessa de um salário muito mais interessante do que estavam ganhando. Infelizmente a nova empresa nunca "decolou" e eles ficaram a ver navios, ou melhor: aviões.

Por isso, muito cuidado nesta hora. Não responda nada sem um tempo para refletir.

Dica 85

Você é uma pessoa ocupada

Se você deseja um trabalho bem-feito, escolha um homem ocupado; os outros não têm tempo.
Benjamin Franklin (1706-90)

Independente da disponibilidade de sua agenda, não aceite convites para reuniões, eventos ou jantares para o mesmo dia.

Se alguém quer marcar uma reunião com você ou convidá-lo para um jantar, agende com pelo menos dois dias de antecedência.

Já no caso de alguém querer apenas ter uma conversa rápida e informal, diga-lhe que no momento não pode, mas logo mais no fim da tarde ou à noite irá recebê-lo. Afinal, você é uma pessoa muito ocupada e sua agenda está sempre "cheia" de compromissos.

Todavia, se alegarem motivos de urgência, seja flexível, abra uma exceção e atenda prontamente.

Dica 86

Evite fumar

Pessoas inteligentes são capazes de parar de fumar.
Pessoas espertas nem começam.

Dalvan Miotto

Aqui vão cinco bons motivos para você não fumar:

1. Conforme você já está cansado de saber, fumar faz muito mal para sua saúde. Segundo dados do Instituto Nacional do Câncer, **200 mil pessoas morrem** a cada ano no Brasil **por causa do tabagismo.**
2. Mesmo sabendo dos males do fumo, você continua fumando. Então, a mensagem que você passa para as pessoas é a seguinte: **eu não me amo!**
3. Convenhamos: fumar está meio fora de moda. Este hábito era glamouroso nos anos 1960, ou seja: se você fuma, está fora de moda há um bom tempo... Cada vez mais os fumantes são afastados para fumar em áreas isoladas, longe de todos.
4. O cigarro atrapalha relacionamentos amorosos: pesquisa da agência de casamento Par Ideal, de Curitiba, apontou

que 90% dos não fumantes cadastrados na agência preferem conhecer pessoas também não fumantes.

5. Na hora de contratar, as empresas dão preferência a candidatos não fumantes, uma vez que os fumantes são considerados menos produtivos por interromperem o trabalho inúmeras vezes para fumar.

Dica 87

Evite pedir favores e empréstimos

Não peças emprestado nem emprestes.
Shakespeare (1564-1616)

Evite — ao máximo — pedir favores. Somente após esgotar todas as possibilidades para resolver um problema recorra a terceiros. E jamais se habitue a pedi-los...

Entretanto, se você chegou ao ponto de pedir um favor, lembre-se: você ficou em débito com a pessoa que o ajudou. Desta forma, atenda-a prontamente assim que a "conta" chegar.

Evite ao máximo também pedir livros, CDs, apostilas ou qualquer outro objeto emprestado. Entretanto, se for realmente necessário, procure devolver o quanto antes o que você pegou e, de preferência, em mãos. Vamos acabar com a desagradável tradição tupiniquim de não devolver aquilo que pegamos emprestado.

E se estiver precisando de dinheiro, jamais peça a amigos. É muito constrangedor... Faça um empréstimo no banco, que é o lugar apropriado para resolver esse tipo de problema.

Outro caso a ser lembrado é o de pegar um carro emprestado. Em nossa sociedade motorizada, em que não podemos ficar sem carro um dia sequer, você pode vir algum dia a pedir, caso fique sem o seu. Nesse caso, demonstre que você é uma pessoa meticulosa, cuidadosa e atenciosa, devolvendo o carro devidamente lavado e com o tanque cheio. Assim, quando precisar pedir novamente um carro emprestado, ninguém vai hesitar em atendê-lo.

Dica 88

Não fale mal da vida alheia

Não falo mal de ninguém porque não sei quando poderei ficar preso num elevador com alguém de quem falei mal.

Lou Reed

O povo latino, falante por natureza, tem, por vezes, o péssimo hábito de falar mal da vida alheia. Nem tanto por maldade, mais por costume mesmo.

Pare para pensar por um instante e perceba que existe a possibilidade, mesmo que remota, de a pessoa que você está vergastando ser amiga ou conhecida de seu interlocutor! Já imaginou o mico?

Principalmente em entrevistas de emprego, nunca fale mal de seu antigo trabalho ou chefe. Por questões de ética profissional, guardemos para nós os problemas e desavenças profissionais do passado.

Limite-se a dar sua opinião sobre determinada empresa ou pessoa somente quando solicitado. Mesmo neste caso, seja extremamente objetivo, deixando de lado eventuais comentários deselegantes.

Dica 89

Evite deixar-se fotografar de qualquer jeito

Muito cuidado com fotos em que você apareça bebendo, comendo de boca aberta, com pouca (ou nenhuma) roupa, beijando, mexendo com dinheiro vivo. Elas podem, enventualmente, ser usadas contra você.

Lembra da famosa foto da então ministra-chefe da Casa Civil e atual presidente Dilma Rousseff, fumando um enorme charuto na festa de casamento da filha de um colega de trabalho? Pois é, aquela foto pegou muito mal porque coincidiu com o apagão aéreo de junho de 2008.

A modelo britânica Kate Moss, a segunda mais bem-paga do mundo em 2006, teve a má sorte de ser fotografada consumindo cocaína em um estúdio de gravação de Londres em 2005. Após a publicação das fotos no tabloide inglês *Daily Mirror*, ela teve seu contrato de 4 milhões de euros, com a marca de moda sueca H&M, rescindido. Na sequência, a chiquérrima Chanel também cancelou seu contrato com a modelo. Já pensou, por causa de uma foto, perder 4 milhões de euros? Melhor não ter vício algum...

E, por falar em vícios, o grande filósofo romano Sêneca (4 a.C.-65 d.C.) fez um inteligente alerta: "procura a satisfação de veres morrer os teus vícios antes de ti!"

NONA ETAPA

Divulgando sua "marca"

Vejamos em que pé estamos em nossa longa e excitante jornada rumo ao sucesso: primeiro fizemos uma viagem ao nosso fascinante universo interior e descobrimos aonde queríamos chegar. Aí elaboramos um plano de ação de longo prazo. Na sequência investimos em nossa saúde, trabalhamos nosso visual, vitaminamos nosso currículo e deixamos nossa "marca" valorizada. Agora chegou a hora de as pessoas saberem que você existe! É o momento de trabalhar a divulgação da sua "marca".

O mercado precisa saber quem você é, o que você tem a oferecer e quais são os benefícios, atributos e diferenciais de sua "marca" para que pessoas e empresas interessadas em um determinado profissional — no qual você pode se encaixar como uma luva — saibam que você existe e possam contactá-lo.

Mesmo que você esteja bem-empregado e trabalhando em uma empresa de sucesso, não deixe de investir na divulgação de sua "marca", pois nunca se sabe se, de uma hora para outra, a empresa para a qual você trabalha vai ser vendida e se seu cargo pode vir a ser ocupado pelo profissional da empresa que incorporou a sua. E, ainda, se a empresa para a qual você trabalha for muito grande, com milhares de colaboradores, a única forma de ficar conhecido pela diretoria é divulgando sua "marca".

Finalmente, fazendo a divulgação de sua "marca", novas e interessantes oportunidades podem surgir. Nunca se sabe!

Dica 90

Adote um nome curto e fácil de ser pronunciado e fuja dos estranhos

Se você tem um nome muito longo, tente reduzi-lo ao máximo, pois nomes longos são mais difíceis de memorizar. Vamos imaginar que alguém se chame João José da Silva Ribeiro, por exemplo. Ele pode adotar tanto **João Ribeiro** como **José Ribeiro**. Dessa forma fica bem mais fácil para ser memorizado. Foi o que fizeram, por exemplo, Walt Disney (Walter Elias Disney), Barack Obama (Barack Hussein Obama II), Dilma Rousseff (Dilma Vana Rousseff), Ayrton Senna (Ayrton Senna da Silva), Eike Batista (Eike Fuhrken Batista), Gilberto Gil (Gilberto Passos Gil Moreira) etc.

E quanto aos nomes estranhos? Alguns pais abusam da criatividade e não imaginam o mal que estão fazendo para o futuro de seus filhos, batizando-os com nomes como Aleluia, Bucetildes, Placenta, Vitimado, Mijardina, Último, Simplício, Magnésia, Ilegível, Bizarro, Deus, Éter, Penisvaldo, Hypotenusa, Xerox, Alce, Defuntina etc.

A lista de nomes "criativos" registrados em cartórios país afora é enorme. Ter sucesso com um nome que não chame a atenção já é difícil, que dirá então com um nome que será motivo de piadas, chacotas e olhares espantados?

A boa notícia para quem foi batizado com um nome que pode trazer constrangimentos ou ser um obstáculo para ter sucesso na vida é que é possível, mediante a autorização de um juiz, trocar de nome.

Se o seu nome for um impedimento para o seu sucesso, não pense duas vezes: troque-o agora mesmo!

Dica 91

Tenha um endereço de e-mail personalizado

Quase todo mundo que tem um endereço de e-mail acaba utilizando algum serviço de e-mail gratuito, não é verdade? Milhões de internautas utilizam o famoso Hotmail, outros tantos utilizam o Gmail, Yahoo! etc.

Mas se quase todo mundo utiliza um e-mail gratuito, então, seja a exceção: utilize um e-mail único, só seu, personalizado, assim: seu nome@seusobrenome.com.br! Chique, não? E, acredite: é barato! Acesse o site www.registro.br e se informe dos preços e procedimentos para ter um domínio próprio.

Duas grandes vantagens de se ter um e-mail personalizado são:

1. Diferencial: Como quase todo mundo usa o Hotmail e o Gmail, você já terá um diferencial imediato logo de cara em seu currículo e cartão de visitas, ao ter um domínio próprio;

2. Memorização: Como o seu endereço de e-mail vai ser composto pelo seu nome e, depois do arroba, seu sobrenome, ficará fácil de ser memorizado.

Cuidado: Harry Stoneciphe, que era CEO da Boeing, foi demitido em março de 2005 por causa de uma troca de e-mails de conteúdo erótico com uma executiva da empresa. Utilize seu e-mail corporativo apenas para tratar de assuntos profissionais. Para qualquer outro assunto que não seja relacionado ao seu trabalho, função ou cargo utilize seu e-mail particular.

Dica 92

Mantenha seus contatos informados

Imaginamos que a esta altura do campeonato você já tenha uma boa rede de contatos, devidamente atualizada, em seu computador. Utilize-a para informar sempre que:

- participar de um curso, seminário ou congresso;
- fizer uma especialização;
- mudar de função ou cargo;
- mudar de empresa;
- sair de férias;
- abrir seu próprio negócio;
- casar-se, separar-se;
- estiver em busca de uma nova colocação.

Além de ser uma demonstração de consideração com as pessoas de sua rede de relacionamento, mantendo-as informadas do que se passa na sua vida, é também uma forma de deixar uma porta aberta a oportunidades. Ao receberem seu e-mail, as pessoas poderão associá-lo a algum fato de que ficaram sabendo e que julguem ser do seu interesse e irão lhe contar.

Dica 93

Tenha seu cartão de apresentação sempre a mão

Independente do que você faça, você deve ter um cartão de visitas. Mesmo que ainda seja um estudante ou que não esteja trabalhando no momento, você não pode sair de casa sem seus cartões de apresentação no bolso, seja dia de semana, fim de semana ou feriado.

A qualquer momento, em qualquer lugar, em qualquer dia, alguém pode pedir o seu cartão para um contato posterior. E aí, então, se você estiver sem seus cartões, vai dar aquela velha desculpa de que eles acabaram ou que os deixou em casa? E aí você sai correndo atrás de um pedacinho de papel e uma caneta emprestada para escrever sua valiosa "marca" e telefone. Que mico...

Facilite a vida das pessoas que querem entrar em contato com você: tenha em seu cartão pelo menos um número de celular e seu e-mail. Quanto ao número de seu celular, procure registrar um número de fácil memorização. Isso é possível através do pagamento de uma taxa para escolher um número.

E se você trabalha na área da saúde, evite utilizar o cartão de agendamento de consulta como seu cartão de visita, pois pega mal. Afinal, o custo de um bom cartão de apresentação é ínfimo...

Dica 94

Relacione-se

Ponha de lado a timidez e os melindres ao agir. A vida inteira é uma experiência.

Ralph Waldo Emerson (1803-82)

Aproveitando a deixa do ditado acima, sugerimos: **deixe a timidez de lado**, pois a vida é um mar de oportunidades! Mas atenção: as oportunidades surgirão na mesma proporção do tamanho de sua rede de relacionamento!

Crie e mantenha uma sólida rede de relacionamento com amigos, parentes, conhecidos, seu médico, seu dentista, seu advogado, seus professores, colegas da faculdade e de trabalho, chefes (atuais e antigos), subordinados (atuais e antigos) e, até mesmo, seus adversários! Não acredita? Então veja esta história!

O atirador e oficial do exército Guilherme Paraense conquistou a primeira medalha de ouro para o Brasil numa olimpíada (Antuérpia, 1920) competindo com uma pistola emprestada de seu adversário estadunidense, pois a sua havia sido roubada na viagem. Como ele era muito gente boa, seus adversários ficaram comovidos com o acontecido e resolveram emprestar a pistola com a qual ele conquistou nossa primeira medalha olímpica.

Curiosidade: conforme pesquisa realizada pela consultoria iBRAIN e divulgada pela *Gazeta do Povo* em 18 de março de 2013, 43% das pessoas entrevistadas conseguiram seu emprego através de indicação e apenas 7% através de anúncios de emprego.

Dica 95

Diga sempre quem é você e o que você faz

Sempre fui uma tímida muito ousada.
Clarice Lispector (1920-77)

Procure sempre associar sua "marca" ao que você faz na vida. Nunca perca a chance de "vender o seu peixe". Aproveite qualquer oportunidade que apareça para fazer — sempre de forma discreta — o seu "comercial": em reuniões familiares, festas, happy hours, apresentação pessoal em cursos e no primeiro dia de aula, praticando esportes, em uma viagem de avião, enfim, onde quer que você estabeleça uma comunicação com outra pessoa. Descreva resumidamente sua atividade profissional e dê o seu cartão de apresentação.

É bem provável que a maioria dessas pessoas nunca venha a precisar de você. Mas, eventualmente, algumas podem precisar ou podem conhecer alguém que precise. Por isso, não fique constrangido em dizer o que você faz. Afinal, é o seu ganha-pão, não é?

Agora, se você é do tipo tímido, que só diz bom dia e até logo, trate de arrumar um bom psicólogo, pois o mercado de trabalho não tem espaço para timidez.

Dica 96

Distribua brindes

Você não faz ideia do sucesso que fará distribuindo pequenos brindes aos seus amigos, conhecidos e colegas de trabalho.

Pode ser qualquer lembrancinha: canetas, chaveiros, bonés, camisetas, lembranças de viagens etc. O fato é que, por ser um gesto inesperado, ao dar uma lembrancinha para as pessoas, elas irão se recordar por muito tempo de seu gesto.

Um amigo e ex-colega da Interbrasil Star, o sempre simpático comandante Souto, impressionou a todos da empresa que trabalhavam no aeroporto de Guarulhos, na Páscoa de 1999, ao circular com uma bela cesta recheada de deliciosos ovinhos de chocolate, distribuindo-os ao pessoal do check-in, do check-out, despachantes de voo, comissárias e pilotos. Foi um sucesso! Todos gostaram da inesperada e agradável surpresa.

Para marcar ainda mais seu brinde, você pode encomendar canetas personalizadas, por exemplo, com o seu nome, atividade e e-mail. Assim será bem mais fácil para as pessoas entrarem em contato quando precisarem de um profissional da sua área ou quando souberem de alguém que precisa.

Dica 97

Escreva para jornais e revistas

Jornais e revistas têm sempre espaços para publicação de artigos de profissionais de todas as áreas. Aproveite esse precioso espaço para expor e divulgar suas ideias.

Além de uma grande oportunidade (e sem custo algum!) para mostrar seu conhecimento ao mercado, você estará fazendo uma excelente divulgação de sua "marca", mostrando que é um expert sobre determinado assunto ou área.

Através da publicação de artigos, muitas pessoas podem entrar em contato para solicitar seus préstimos profissionais ou para convidá-lo a proferir palestras sobre o tema abordado.

Se você não tem o hábito de escrever ou não se sente suficientemente seguro para enviar um artigo para um jornal ou revista, não desanime. Comece escrevendo para o jornal interno da empresa em que você trabalha, para o jornal acadêmico da faculdade onde você estuda, para jornais de associação de profissionais, para o jornal de seu bairro, enfim: ligue seu computador, abra o Word e comece já a escrever.

Se não publicarem logo na primeira vez, não desista. Revise o artigo, peça opiniões e envie novamente.

A gente nem sempre acerta na primeira versão de um texto. Apenas para ilustrar, precisamos escrever três edições de nosso livro antes de cair nas graças da nossa editora.

Dica 98

Divulgue sua participação em congressos

Participar de congressos, seminários e simpósios significa aprimoramento profissional. Um constante acompanhamento das novidades que estão surgindo em sua área de atuação é fundamental para seu sucesso e valorização de seu currículo.

Além da necessária atualização, esses eventos são excelentes para fazer contatos com outros profissionais e trocar experiências que, eventualmente, podem abrir portas para novas oportunidades.

Não deixe de utilizar sua assessoria de imprensa para divulgar sua participação nesses eventos. Envie também uma mensagem por e-mail aos seus contatos, amigos e conhecidos, para comunicar sua ausência do trabalho, em vista da sua participação em um importante evento em sua área de atuação.

É importante que o mercado tome conhecimento da sua busca constante por atualização da profissão que você abraçou.

Dica 99

Divulgue suas realizações

Tão importante quanto as conquistas é a sua divulgação. Se você chegou ao topo do Everest, venceu uma maratona, obteve o título de doutor ou descobriu uma nova maneira de curar uma doença, é fundamental que a sociedade tome conhecimento disso.

Há alguns anos um cirurgião de São Paulo fez uma ampla divulgação na mídia por ter sido o primeiro na América Latina a realizar uma operação de autotransplante. Ótimo para ele. O único porém é que, anos antes, em Campina Grande do Sul (PR), esse tipo de procedimento já havia sido feito. Entretanto, por absoluta falta de divulgação na mídia, ninguém tomou conhecimento.

Além do mérito de suas conquistas e realizações, você também precisa ter o mérito de divulgá-las. Não custa lembrar que a mídia vive de notícias. E, com certeza, suas realizações são de grande interesse da mídia. Sejam elas de caráter profissional ou não, é fundamental que a sociedade tome conhecimento de suas contribuições e feitos, independente de sua área de atuação.

Dica 100

Envie cartões de Natal e telegramas

Num país como o Brasil, que tem a maior população católica do mundo (conforme dados do IBGE, 64% da população brasileira é católica), é de muito bom-tom o envio de uma mensagem de Natal no fim do ano. Como dá trabalho comprar, escrever e postar um cartão de Natal, pouca gente faz isso. Por isso que se torna tão gratificante receber um cartão de Natal de um amigo ou conhecido. Trata-se, portanto, de uma atenção que todos gostam de receber.

Além de se lembrar das pessoas do seu convívio por ocasião de uma data tão importante, você está aproveitando para mostrar a elas que você está "vivo" e que se lembra delas.

Aproveite também as datas comemorativas, pois elas existem para categorias profissionais de todas as áreas. Tem o dia da Secretária, do Advogado, do Médico, do Administrador, do Farmacêutico, do Comissário de Bordo, do Arquiteto, enfim, ninguém fica sem uma data para celebrar sua profissão.

Procure descobrir o que cada um de seus contatos faz e envie um telegrama parabenizando-o pelo seu dia. Como ninguém faz isso, seu telegrama causará uma agradável surpresa e será sempre lembrado.

Além dessas datas, seus amigos também fazem aniversário, casam, têm filhos, são promovidos e colecionam conquistas ao longo da vida. Não perca estas oportunidades para demonstrar, com um gesto simpático, que você está atento ao que se passa na vida deles e envie um telegrama de congratulações.

Dica 101

Inscreva-se em cursos de uma semana

Aproveite aquelas semanas em que sua agenda está mais tranquila e inscreva-se em cursos de uma semana de duração.

Pode ser um curso de etiqueta, oratória, como fazer apresentações no PowerPoint, inglês para negócios, técnicas de memorização, enfim, qualquer aprendizado que valorize seu conhecimento. Além do aprendizado, você terá uma ótima oportunidade para conhecer outros profissionais e trocar cartões de visita, aumentando sua rede de relacionamentos e abrindo as portas para eventuais oportunidades.

Outro benefício desses cursos rápidos é que você os aproveita para se desligar de seu ambiente de trabalho e dos problemas que ocupam sua cabeça, dando espaço para pensamentos produtivos e desestressantes. E, de quebra, em algum momento de sua carreira você poderá vir a utilizar aquele conhecimento adquirido num curso de uma semana que você fez há anos.

Dica 102

Circule

Quem não é visto não é lembrado.
								Ditado popular

    Você precisa circular, aparecer e ser visto para lembrar os conhecidos e o mercado de que continua na "área", aberto a oportunidades e novos desafios.

    Vá regularmente as reuniões de sua associação de classe, de seu sindicato, de seu condomínio, a coquetéis de lançamento de livros, a teatros, cinemas, museus, feiras, inauguração de lojas ou galerias de arte etc.

    Circulando em vários e diferentes ambientes você estará aumentando as possibilidades de encontrar amigos e conhecidos, e não é raro que, em uma despretensiosa conversa informal, boas oportunidades apareçam. Aproveite para distribuir seu cartão de visitas e comentar, sutilmente, sobre seus objetivos.

    Procure, entretanto, frequentar bons locais, pois as pessoas têm uma fácil tendência de fazer associações (nem sempre corretas, diga-se de passagem) entre o local e o indivíduo que ali se encontra. Por exemplo: se você vê alguém hospedado num hotel cinco estrelas, logo associa aquela pessoa à ideia de alguém requintado, vip, poderoso... Se vê um sujeito jantando em um restaurante fino, irá, muito provavelmente, julgá-lo uma pessoa fina, de bom gosto. Se estiver em um museu, irá tomá-lo por uma pessoa culta, e assim por diante. Por isso, frequente lugares de qualidade, mesmo que isso lhe pese um pouco mais no bolso. Afinal, quanto vale a associação que irão fazer com você?

Dica 103

Participe de concursos

A habilidade é de pouca importância sem a oportunidade.
Napoleão Bonaparte (1769-1821)

Volta e meia aparecem concursos para criar nomes de produtos, slogans, layout de capa de lista telefônica, peças publicitárias, redações, monografias etc.

Participe! Espante a preguiça e ponha a criatividade para trabalhar. Você só tem a ganhar.

Primeiro: se vencer o concurso, e isso só poderá acontecer se você participar, seu nome aparecerá em mídia nacional e valorizará tremendamente o seu currículo.

Segundo: se você não vencer, terá a possibilidade de aproveitar o trabalho anexando-o ao seu currículo. E, eventualmente, poderá usar o mesmo no futuro para trabalhos similares.

Muitos estudantes conseguem seu primeiro emprego graças à participação em concursos, uma vez que, ao vencerem, ficam conhecidos e despertam o interesse de algumas empresas.

Dica 104

Faça coisas inusitadas

Uma vida sem desafios não vale a pena ser vivida.
Sócrates (469-399 a.C.)

Se você achou o ditado acima muito drástico, talvez este pareça mais ameno: "viver sem desafios é um tédio e é um desafio viver sem tédio". Resumindo: estabeleça desafios inusitados para você mesmo, como aprender mais um idioma, aprender a tocar piano, aprender a cozinhar, largar seu emprego e abrir um negócio próprio, começar a correr e participar de corridas de rua, escrever um livro, escalar o Aconcágua etc.

Depois de estabelecer seu novo objetivo, comunique a todos de sua rede de relacionamento, pois assim você estará assumindo publicamente seu novo desafio.

Muita gente já largou tudo para fazer algo totalmente diferente e se deu muito bem. Obviamente, com os pés no chão e um bom planejamento. Veja o caso da famosa família Schürmann de Santa Catarina. Em 1984, largaram o que estavam fazendo e partiram para dar a volta ao mundo num barco a vela. Depois escreveram um livro contando a incrível experiência e se tornaram palestrantes famosos.

Você não precisa ir tão longe, mas e aquele antigo sonho de ter seu negócio próprio, de escrever um romance ou de aprender a dançar, como no excelente *Dança comigo*, com Richard Gere e Jennifer Lopez?

Dica 105

Viaje sempre que puder

As vragens alargam a mente e lhe dão forma.
Bruce Chatwin (1940-89)

Viajar, seja a lazer ou a trabalho, além de ser uma atividade cultural e extremamente prazerosa, é também uma fantástica, inesgotável e enriquecedora fonte de aprendizado. Viajando, você terá a oportunidade de conhecer diferentes culturas, podendo comparar o modo de viver, a forma de habitação, os meios de transporte, a educação, a alimentação, a saúde, a religião, a cidadania e outros aspectos de outras sociedades com os daquela em que você vive.

Será mais uma ótima forma de contribuir para a sua comunidade, através de sugestões, por exemplo, para solucionar problemas em sua cidade, similares aos que você constatou em sua viagem ao exterior.

Outro importante benefício reside na possibilidade de trazer ideias e inovações para valorizar e diferenciar o seu trabalho ou a sua empresa.

Caso você tenha o privilégio de viajar a trabalho para o exterior, não deixe de divulgar, através de sua assessoria de imprensa, este importante fato para os jornais de sua cidade.

Dica 106

Mudou de endereço, de empresa, de telefone, comunique!

Quem não se comunica, se trumbica.
Chacrinha (1917-88)

Seguiu nossa dica de ter um e-mail personalizado? Muito bem! Agora não se esqueça de comunicar a mudança de e-mail para todos os seus contatos na internet.

Investiu forte em seu marketing pessoal e recebeu um convite irrecusável para trabalhar em uma grande empresa? Ótimo, parabéns! Só não deixe de avisar todos os seus contatos na internet, além de parentes, amigos e conhecidos, para que eles não sejam pegos de surpresa quando, eventualmente, ligarem atrás de você no seu emprego anterior.

Conseguiu uma bolsa de estudos para fazer um doutorado no exterior? Fantástico! Aproveite para compartilhar este importante evento em sua vida acadêmica com todos de sua rede de relacionamento e, por que não, colocar também uma nota nos jornais de sua cidade.

Resumindo: mudou o número do celular, trocou de e-mail, de endereço, de empresa, comunique!

Dica 107

Prepare-se para a prospecção

Quando você estiver pronto para procurar um lugar ao sol no concorrido mercado de trabalho, ou seja, sair a campo para prospectar uma oportunidade que esteja de acordo com aquele objetivo que você traçou lá atrás, no começo de sua caminhada, muna-se de algumas informações importantes.

Primeiro, não saia "atirando" para todos os lados. Selecione empresas, organizações ou entidades que sejam sérias, renomadas e conceituadas e que tenham a ver com seu perfil. Depois faça uma pesquisa na internet sobre elas. Verifique seu histórico, sua trajetória de crescimento e nomes de pessoas e empresas vinculadas a elas. Dessa forma, quando chegar o momento de uma reunião ou entrevista de emprego, você vai causar uma boa impressão perante seu interlocutor.

Antes de enviar seu currículo, descubra o nome da pessoa responsável pela seleção e envie uma carta aos cuidados dessa pessoa. Não se esqueça de fazer uma breve carta de apresentação. Outro detalhe: lembre que é sua obrigação saber como chegar ao local da entrevista ou reunião. Não gaste o tempo de seu interlocutor com esse tipo de problema.

Verifique em um mapa ou informe-se com um motorista de táxi o melhor caminho. Quando lhe perguntarem se você sabe como chegar ao local do encontro e você disser que sim, você estará poupando o tempo de pessoas ocupadas.

Dica 108

Faça parte de uma rede para profissionais

Existe uma rede da qual vale a pena fazer parte. Trata-se da LinkedIn.

Criada em 2002, conta atualmente com mais de 200 milhões de usuários de 200 diferentes países e territórios. O grande diferencial dessa rede é que ela é específica para profissionais. Entre as vantagens de participar do LinkedIn, destacamos:

- Possibilidade de estabelecer contato e trocar informações com profissionais do mundo inteiro;
- Acesso a vagas de empregos, notícias e informações profissionais;
- Localizar pessoas com as quais você já trabalhou ou estudou.

Além dessa rede, destacamos, ainda, o portal da Catho. Se você está em busca de uma colocação no mercado, vale a pena dar uma olhada. São dezenas de milhares de vagas e sua abrangência é nacional, além de o funcionamento do site ser bastante simples e eficiente: o candidato cadastra seu currículo e o programa faz o cruzamento com as vagas disponíveis para aquele candidato e o mantém informado. As empresas, por outro lado, recebem as informações de currículos que se enquadram nas vagas que estão buscando.

É bem interessante. Não custa nada dar uma olhada.

DÉCIMA ETAPA

Administrando o sucesso

A pior coisa do sucesso é que você tem de continuar sendo um sucesso.

Irving Berlin (1888-1989)

Parabéns! Você fez com esmero sua lição de casa e acaba de entrar para o seleto clube dos vencedores. Após uma longa, difícil e árdua jornada, você chegou ao degrau mais alto do pódio.

Nesta nova fase você perceberá que as pessoas o tratarão de forma diferenciada. Uma pessoa de sucesso é facilmente reconhecida. Nunca pela ostentação, mas pelo que de mais nobre existe neste grupo: a humildade com que tratam as pessoas, porque sabem como é difícil a escalada rumo ao topo; já viveram isso no passado.

Mas não pense você que suas preocupações com a sua imagem pessoal e profissional acabaram...

Agora, mais do que nunca, você é uma pessoa visada. Muitas pessoas passam a observá-lo, tentando aprender algo que possam levar para as suas carreiras. Outras, infelizmente, passam a invejá-lo. Muitas vão aprender com você e seguir seu exemplo de vida. Outras, entretanto, irão atrás de falhas, erros, omissões ou qualquer fato que possam utilizar para denegrir sua imagem. Por isso, tão difícil quanto conquistar o sucesso é manter sua imagem incólume.

As dicas a seguir vão ajudá-lo a lidar com essa nova fase de sua vida. Tenha sempre em mente que o sucesso irá incomodar muita gente. Será preciso uma boa dose de percepção para reconhecer os verdadeiros amigos entre aqueles que querem apenas se aproveitar do seu sucesso para obter algum benefício próprio.

Dica 109

Diminua sua exposição e divulgação

A discrição é para a alma o que o pudor é para corpo.
Francis Bacon (1561-1626)

Agora está na hora de adotar uma prática bem diferente daquela utilizada para divulgar a sua "marca".

Como você já está com uma imagem consolidada e goza de um excelente conceito, deve aparecer cada vez menos na mídia. É o momento de tornar sua divulgação escassa e esporádica. Assim você cria uma expectativa sobre suas próximas aparições.

Mantenha apenas uma "leve" divulgação, ou seja, uma manutenção de imagem — pelo menos você precisa lembrar ao mundo que continua vivo e saudável.

Há também a questão da massificação de uma marca. Se ela se tornar muito popular, tipo "arroz de festa", a primeira coisa que acontece é que ela perde valor. Não se esqueça que sua "marca" está associada a qualidade e exclusividade. Por isso, não permita que ela se torne popular.

Dica 110

Não perca a humildade

Acho que a primeira prova de grandeza de um homem é a sua humildade.

John Ruskin (1819-1900)

Conquistar o posto de comandante de um Boeing 747, o famoso Jumbo, é para um piloto mais ou menos como chegar ao topo do Everest para os alpinistas. Para chegar a esse posto, são necessários anos de experiência, milhares de horas de voo em aviões de menor porte, ter atuado alguns anos como copiloto, muitos cursos, provas semestrais, dezenas de horas de treinamento em simulador, avaliações anuais em simulador, exames médicos periódicos, entre outras coisas importantes para se tornar comandante de um avião de grande porte.

Apesar do esforço e de terem conquistado o "Everest da aviação", tivemos o prazer de conhecer profissionais supercompetentes e ao mesmo tempo humildes, porque, apesar de já terem trabalhado como comandantes de aviões como o Boeing 747, voando para cidades glamourosas como Nova York, Paris, Tóquio, Los Angeles, Buenos Aires etc., não tiveram nenhum constrangimento ou problema de adaptação para comandar um avião a hélice de menor porte, voando para cidades pouco conhecidas do interior do país.

A humildade deve acompanhar a trajetória de um profissional independente de ele ser um estagiário em início de carreira ou o presidente de uma grande empresa. Um verdadeiro profissional jamais se apega a um cargo ou posição, pois para ele o que importa é a paixão pelo que está fazendo.

Não custa lembrar os 4 H do sucesso: **Humor, Honestidade, Habilidade e Humildade.**

Dica 111

Não gaste perdulariamente

Quem comprar o que não precisa, venderá o que precisa.
Provérbio árabe

Ninguém melhor do que você para saber o quanto é difícil ganhar dinheiro. Por isso, seja comedido na hora de gastar o que você ganhou com muito trabalho.

Pelo jeito, não foi exatamente essa a atitude de cinco importantes executivos do Barclays Bank, um dos maiores bancos da Inglaterra.

Em julho de 2001, para comemorar a realização de uma grande e lucrativa operação para o banco no qual trabalhavam, eles resolveram jantar no chiquérrimo restaurante Petrus, em Londres. Até aí, nenhum problema. A coisa começou a ficar esquisita quando resolveram tomar, não uma, mas cinco garrafas do famosíssimo Château Petrus, um dos vinhos mais caros do mundo. Por conta dessa euforia, torraram o equivalente a 150 mil reais no histórico jantar.

Apesar de terem pago a conta com seu próprio dinheiro, os cinco acabaram demitidos do banco, pois a extravagância da turma repercutiu na mídia local e a diretoria do banco entendeu que o gesto de demonstração de poder e ostentação não pegava bem para a imagem do banco.

Assim sendo, se você quer torrar seu dinheiro, por favor, não o faça em público, pois pega muito mal, ainda mais com tanta pobreza no mundo.

Dica 112

Não mude radicalmente de hábitos nem abandone suas origens

> *A simplicidade representa o último degrau da sabedoria.*
>
> Arthur Schopenhauer (1788-1860)

É até compreensível que, estando numa situação financeira confortável, você acabe mudando seus hábitos de vida e de consumo. Com certeza você irá consumir produtos de melhor qualidade, frequentará ambientes mais sofisticados e passará suas férias em luxuosos resorts. De qualquer forma, não precisa ser uma guinada de 180 graus.

Mesmo curtindo a comida sofisticada de um restaurante fino, não lhe causará mal algum tomar uma cerveja naquele mesmo barzinho que você costumava frequentar antigamente, quando ainda não era uma pessoa bem-sucedida.

É muito triste ver algumas pessoas que, ao ficarem famosas, esquecem por completo o meio em que viviam quando ainda eram meras desconhecidas.

Não deixe de voltar à sua terra natal e de visitar parentes e amigos de infância. Retornar às origens é uma demonstração inconteste de que você, apesar do sucesso, não se deixou embriagar pela fama e o poder.

Dica 113

Nunca se esqueça daqueles que lhe deram a mão

A gratidão é a virtude das almas nobres.
Esopo (século VII a.C.)

    O explorador neozelandês Edmund Hillary (1919-2008) foi o primeiro homem a colocar os pés no topo do Everest, em 29 de maio de 1953. Mas não pense você que ele fez isso sozinho: o *sherpa* Tenzing Norgay o ajudou carregando parte de sua carga e sua contribuição foi fundamental para o sucesso da difícil e arriscada empreitada de Hillary.

    Dificilmente alguém chega ao sucesso sem uma oportuna e imprescindível mãozinha. Nada mais natural. Pode ser do pai, da esposa, de um irmão, de um sócio capitalista, de um amigo. O que não é nada natural é esquecer dessa mãozinha quando nos tornamos bem-sucedidos e não precisarmos mais dela.

    Jamais ignore aqueles que lhe deram uma ajuda na difícil escalada rumo ao sucesso. Reconheça, sempre que possível, e de preferência em público, aqueles que o auxiliaram. E faça isso quando estas pessoas ainda estiverem vivas, pois o reconhecimento será a maior recompensa que poderão esperar.

Dica 114

Evite a ostentação

Você trabalhou duro, teve sucesso e ganhou dinheiro de forma honesta e ética. Isso é ótimo! Mas num país com tantos pobres como o nosso, devemos cuidar para não ostentar nossa riqueza. Veja a seguir uma nota publicada no jornal *Gazeta do Povo*, de Curitiba, em 13 de janeiro de 2013:

> A empresária Clemilda Thomé deu uma Ferrari 458 de Natal para cada um de seus filhos, José Guilherme e João Alfredo. Os modelos, um branco e outro preto, chegam nos próximos dias. As duas Ferraris vão se somar à dela, modelo Califórnia, vermelha. E em breve será agregada à pequena — mas robusta — frota familiar a Lamborghini Aventador que Clemilda se deu de presente no último Natal.

Para quem pode, nada de mais em ter uma ou duas Ferraris na garagem. Mas não é de bom-tom divulgar esse fato na mídia. Além da desnecessária demonstração de ostentação, tem o aspecto da segurança, uma vez que ainda existem sequestros no Brasil.

Se uma pessoa rica quer ter o prazer de dirigir uma Ferrari, sugerimos que ela participe de corridas da categoria Gran Turismo, onde correm apenas carrões como Ferrari, Lamborghini, Porsche, McLaren, Dodge Viper etc. Outra forma de curtir uma

Ferrari no lugar certo é comprar um apartamento em Miami Beach e deixar o carro lá. Nada mais gostoso e apropriado do que curtir uma Ferrari conversível na famosa Ocean Drive em Miami Beach.

Dica 115

Ignore os incomodados

O termômetro do sucesso é apenas a inveja dos descontentes.

Salvador Dalí (1904-89)

Você irá descobrir algo desagradável a respeito do sucesso: ele incomoda muita gente! Muitas pessoas que você conhece ficarão incomodadas com seu "inesperado" sucesso. Elas vão pensar algo assim: mas que injustiça! Eu me esforcei tanto, fiz tudo certo, e foi ele que se deu bem?

Muita calma nessa hora, pois essas pessoas vão procurar maneiras de depreciar suas conquistas e realizações. Talvez algumas cheguem a difamá-lo ou inventem histórias a seu respeito. Será um duro teste para você! Mantenha a classe e não responda prontamente.

Só se pronuncie no momento certo e utilize o meio de comunicação mais apropriado para o caso. Uma simples nota num jornal local ou até uma entrevista ao vivo numa emissora de televisão pode resolver o problema.

E, por favor, não caia na tentação de entrar em um bate-boca improdutivo e desgastante, onde só você tem a perder. Lembre-se que você é uma pessoa de sucesso e tem uma imagem a zelar.

Dica 116

Contagie a todos com seu exemplo de vida

Nada é tão contagioso quanto o entusiasmo.
Edward Bulwer-Lytton (1803-73)

A sociedade precisa de exemplos de profissionais que galgaram o sucesso de forma ilibada, ética e idônea.

Utilizar sua história de sucesso como exemplo vivo de que vale a pena ter uma conduta, correta e honesta não lhe custará absolutamente nada e será de muita valia para estudantes e para aqueles que estão começando suas carreiras.

É importante mostrar que vale a pena o sacrifício diário de acordar muito cedo, pegar um ônibus cheio, trabalhar de dia, dar duro e, mesmo cansado, frequentar uma faculdade à noite, depois de um dia de muito trabalho. Também, que compensa trocar os fins de semana de lazer por trabalhos acadêmicos e deixar de lado as férias para fazer estágios não remunerados.

Sempre que puder, em qualquer lugar, procure contagiar as pessoas com sua história de vida. Conte a elas sobre sua difícil caminhada até chegar ao sucesso. Mostre o quanto você suou, batalhou e se preparou para atingir seus objetivos. Convença-as de que só existe uma fórmula para se ter sucesso: muito trabalho e dedicação.

Conclusão

Esperamos, prezados leitores, que, depois de ter percorrido os 10 capítulos do livro e suas 116 dicas, você concorde conosco que vale a pena investir em nosso marketing pessoal.

Não nos resta dúvida de que só temos a ganhar com cada minuto e cada real aplicados em nossa saúde, nossa "embalagem", nosso "conteúdo", nossa "marca". A história está repleta de exemplos de pessoas que acreditaram em seu potencial e não mediram esforços para ver seus sonhos realizados.

Investir em nosso marketing pessoal é sedimentar o caminho rumo à consagração. É maximizar as oportunidades para novos e excitantes desafios profissionais.

Investir em nosso marketing pessoal também ajuda a passar no vestibular, a arrumar um(a) namorado(a), a conseguir um bom estágio, uma bolsa de estudos, um bom emprego. A lista não para: o marketing pessoal também o irá auxiliar a conseguir um patrocinador, a receber uma promoção no trabalho, a abrir portas importantes, enfim, um universo de oportunidades.

Obrigado pelo privilégio de sua leitura. Do fundo do coração, nossos sinceros votos de sucesso. E não deixe de compartilhar sua história de sucesso conosco. Teremos o maior prazer de ter notícias suas. Por isso, escreva!

Este livro foi composto na tipologia ITC Officina
Serif STD Book, em corpo 12/16, e impresso
em papel off-white no Sistema Cameron da
Divisão Gráfica da Distribuidora Record.